비비안 쾨니그는 파리에서 태어났다. 역사학을 전공했으며 메트 페닝겐 아틀리에의 수업을 받았다.
고대 유적 발굴 작업에 여러 번 참여하였으며, 4년간 카이로 오리엔트 고고학 프랑스 연구소의 데생 아틀리에도 참여했다.
1974년부터 교사 생활을 하고 있으며, 1983년부터 『투탕카멘, 믿을 수 없는 발견』『고대 이집트의 신들과 정령들』등
고대 이집트에 관한 어린이책을 여러 권 썼다.

장 클로드 골뱅은 고대 이집트 및 튀니지 문명을 연구하는 고고학자이다. 보르도 3대학 교수이며
CNRS(국립과학연구소) 아우소니우스 연구소 연구원장이다. 튀니지 및 이집트의 여러 발굴 현장에 참여했으며,
화가로서의 재능도 발휘하여 고대 건축물 및 유적지를 재현한 그림들을 많이 그리고 있다.

엠마뉘엘 에티엔은 일러스트레이터다.
『고대 이집트 사전』과 서인도 제도에 관한 그림책『섬의 보물들』에 그림을 그렸다.

류재화는 고려대학교 불문학과를 졸업했다. 출판사에서 여러 해 일했으며, 지금은 파리 누벨 소르본 대학에서
문학 박사 논문을 준비 중이다. 『진짜 못생긴 벌레』『나의 레몬 하늘』『고양이 아저씨와 꼬마 물고기』
'어디가 틀렸지?' 시리즈 등 어린이책들과 『신화와 예술』『고대 로마의 일상생활』『보다 듣다 읽다』
『뉴스 공장』 같은 인문서를 번역했다.

파라오의 무덤을 찾아서
이집트의 예술마을 데이르 엘 메디네

글 | 비비안 쾨니그 그림 | 장 클로드 골뱅, 엠마뉘엘 에티엔 옮김 | 류재화
펴낸이 | 김서영 펴낸곳 | 토마토하우스
등록 | 2005년 8월 4일 (제406-2005-000027호)
주소 | 413-756 경기도 파주시 교하읍 문발리 파주북시티 520-11
　　　 www.sonyunhangil.co.kr
　　　 sonyunhangil@hangilsa.co.kr
전화 | 031-955-2012 팩스 | 031-955-2089

Deir el-Médineh
by Viviane Koenig

Copyright©Hachette Livre, 2002
Published by arrangement with Hachette Livre
All rights reserved.

Korean translation copyright©2008 by Tomatohouse
Korean edition is published by arrangement with Hachette Livre
through Imprima Korea Agency.

이 책의 한국어판 저작권은 Imprima Korea Agency를 통해 Hachette Livre와 독점 계약한 토마토하우스에 있습니다.
저작권법에 의해 한국 내에서 보호를 받는 저작물이므로 무단전재와 무단복제를 금합니다.

1판 1쇄 펴낸날 2008년 5월 10일
1판 3쇄 펴낸날 2012년 4월 20일

ISBN 978-89-92089-44-9 74600
ISBN 978-89-92089-48-7 (전4권)

값 13,500원

CHANGPO design group 031-955-2080

• 잘못 만들어진 책은 구입하신 서점에서 바꿔드립니다.

• 이 도서의 국립중앙도서관 출판시도서목록(CIP)은
e-CIP 홈페이지(http://www.nl.go.kr/cip.php)에서 이용하실 수 있습니다.
(CIP제어번호: CIP2008001344)

파라오의 무덤을 찾아서
이집트의 예술마을 데이르 엘 메디네

비비안 쾨니그 글 | 장 클로드 골뱅, 엠마뉘엘 에티엔 그림 | 류재화 옮김

4-5 : 기원전 3천 년
이집트 왕국 • 아름다운 수도 테베 • 독특한 마을 • 활기찬 묘지 • 무덤집

6-7 : 마을과 신들
너무나 작은 마을 • 위대한 신들 • 수호신

8-9 : 아주 특별한 날
새 파라오 만세! • 방 세 칸과 부엌 • 하사품

10-11 : 식사와 일거리들
빵과 과자 • 물과 맥주 • 항아리와 바구니

12-13 : 화폐가 없는 나라
직업에 따라 다르게 • 특산품 • 물물 교환이 최고야!

14-15 : 거짓말과 도둑질
현자들의 재판 • 신들의 재판 • 재판 실수

16-17 : 필경사는 점술가
진짜 현자 • 악령 몰아내기 • 망자에게 쓰는 편지

18-19 : 필경사 학교
가장 좋은 직업 • 필경사 학교 • 읽기, 쓰기, 셈하기

20-21 : 새벽의 노동자들
오랜 행군 • 뱀과 전갈 • 파업을 못할 것도 없지!

22-23 : 람세스 4세의 무덤
농민들도 동원 • 묘 자리 고르기 • 감시대들을 조심해! • 눈을 부릅뜬 보초들

- **24-25 : 왕의 무덤을 파다**
  바위산 허물기 • 노동 • 휴식 • 깜깜한 무덤

- **26-27 : 왕의 무덤을 장식하다**
  미래의 거처 • 기적처럼 살아나는 그림 • 저승의 전설

- **28-29 : 일꾼들의 휴식**
  산마루 움막 • 초라한 움막 • 저녁에 하는 일 • 신들을 잊지 말라

- **30-31 : 도안가들**
  모눈 선 긋기 • 공동 작업 • 규칙대로 그릴 것!

- **32-33 : 필경사들**
  사자의 서 • 문의 서 • 파라오를 위한 세 권의 책 • 수천 개의 상형 문자 • 동굴의 서

- **34-35 : 채색가들**
  소박한 재료들 • 섬세한 기술 • 색깔들의 의미와 상징

- **36-37 : 세공사들**
  보석, 왕홀, 부적 • 은과 귀금속 • 온통 금이네!

- **38-39 : 무덤 속의 수많은 물건들**
  왕실 작업실에서 • 가구들과 무기 • 내장까지 따로 보관하다니! • 영원한 하인들

- **40-41 : 여러 개의 석관**
  많을 수록 좋은 석관 • 분홍 화강암 통석관 • 제1석관

- **42-43 : 아름다운 미라**
  파라오가 죽었다! • 시체 방부 처리 • 미라 • 다시 살아나다

- **44-45 : 파라오의 장례식**
  장례 행렬단 • 작별 인사 • 무덤 도굴자들

- **46-47 : 용어 설명과 연대표**

- **48-49 : 그림 및 사진 설명**

기원전 3천 년

기원전 3천 년 나일강 왼쪽 룩소르 맞은편에 한 마을이 자리잡고 있었다.
이곳 주민들은 오랫동안 왕과 왕비들의 무덤을 만들고 장식하는 일을 하며 살았다.

이집트 왕국

파라오는 세계에서 가장 오래된 나라 이집트를 통치하던 왕이다. 사막에 난 협곡이 **나일강**을 따라 길게 펼쳐져 있고, 평원에 마을이 옹기종기 모여 있다. 나일강은 일 년에 한 번씩 범람한다. 마을은 다행히 강에서 적당히 멀리 떨어져 있다. 나일강의 범람으로 해안가는 비옥한 **진흙땅**이 되었다. 농부들은 뜨거운 태양도 마다하지 않고 이 비옥한 평야에서 구슬땀을 흘리며 일했다.

아름다운 수도 테베

이곳 이집트 남부에 파라오들은 궁정과 사원, 무덤을 만들었다. 나일강 오른쪽에는 두 개의 거대한 사원 룩소르와 카르낙이 서로의 자태를 뽐내고 있었다. 왼쪽에는 통치권자들의 무덤이 있는 **장례** 사원들과 신비한 왕과 왕비의 계곡 무덤들이 있었다. 그리고 귀족들과 예술가들의 무덤도 여기 있었다.

옛 도시 테베.

마차를 타고 전투를 떠나는 이집트 왕 파라오.

독특한 마을

이집트 도시들은 모두 비슷했다. 하지만 '데이르 엘 메디네'는 다른 도시에서 떨어져 있는 좀 색다른 마을이었다. 농부라면 이 사막에서 살 생각을 하지 않았을 것이다. 농부들은 물을 쉽게 구할 수 있는 강 근처에서 살았다. 테베 근처에 사는 귀족들과 왕족들의 무덤을 파고 장식하는 일을 전문적으로 하는 장인들과 필경사들만이 이 마을에서 살 수 있었다.

필경사
상형 문자를 아는 사람으로 읽고 쓸 줄 알았다.

활기찬 묘지

모래와 자갈산 아래 아주 작고 귀여운 무덤들이 이 마을을 굽어보고 있다. 묘지는 고요해 보이지만 마을 사람들은 죽은 자들에게 줄 편지며, 제물로 쓸 빵, 양파, 맥주, 포도주 등을 챙겨 매일같이 이곳을 찾아왔다. 이집트인들은 죽어서도 먹고 마셔야 한다고 믿었기 때문이었다. 가족들과 친구들 아니면 도대체 누가 이런 것들을 매일같이 갖다 바칠 수 있을까? 무덤에서는 공사가 끊이지 않았다. **노역장**의 일꾼들은 휴일에도 나와 일을 했다. 어떤 무덤들은 아주 단순했고, 어떤 무덤들은 아주 웅장하고 우아했다. 무덤 위에 비석을 올린 무덤들은 작업 감독관과 필경사들의 무덤이었다. 이들은 부자들 축에 끼었다.

데이르 엘 메디네에 있는 지붕 모양의 작은 피라미드가 세워진 무덤집.

무덤집

무덤들은 모두 비슷하게 생겼다. 뜰 안에는 제물들을 쌓아 놓는 제단이 세워져 있다. 제단 발치에는 우물이 놓여 있는데, 우물은 바위 속까지 파고 들어가 죽은 자들을 모셔 놓은 방으로 연결되었다. 화가들은 벽에다 저승 세계를 그려놓았다. 그리고 죽은 자들의 이름과 종교적 문구들을 상형 문자로 새겼다.

마을과 신들

이집트인들에게는 각자 자신의 신이 있었다! '데이르 엘 메디네'의 장인들도 수천 명의 이집트 신들 가운데서 자신들의 신을 골랐다. 매혹적인 뱀의 여신 메르세제르가 이들의 수호신이었다.

신들의 막강한 힘이 두려웠던 이집트인들은 신들에게 자주 제사를 지냈다.

데이르 엘 메디네 마을의 유적과 무덤들.

너무나 작은 마을

무덤산 발치, 높은 돌성벽 뒤로 집들이 다닥다닥 붙어 있다. 성벽에는 문이 두 개밖에 없었는데, 이 문을 통과해서 마을로 들어갔다. 길들은 길고 매우 좁았다. 골목길도 별로 없었다. 하지만 돌아다니는 데 별 지장은 없었다. 북쪽으로 한 사원이 성벽을 등지고 길게 늘어서 있었다. 조금 더 가면 제단소들이 모여 있었다. 무덤 공사장의 일꾼들은 그들의 신들을 경배해, 제물을 바치고 제사를 지냈다. 자기 이름이 새겨진 자리가 그곳에 있는 것만으로도 영광이라는 일꾼들도 있었다.

위대한 신들

이집트에는 수백, 수천 명의 신들이 있었다. 마을마다 여러 명의 신들을 섬겼는데, 그렇다고 모든 신들을 다 섬기는 것은 아니었다. 가령 이드푸는 이시스와 오시리스의 아들인 호루스 신을 섬겼고, 멤피스는 세공사들의 숭배신인 프타를 섬겼다. 아비도스는 죽은 자들의 신인 오시리스를 섬겼다.

데이르 엘 메디네에서도 자신들의 신을 택했다. 주민들은 두 개의 제단을 지었다. 반은 여자고, 반은 소인 하토르를 모시기 위한 제단이었다. 하토르는 사랑과 기쁨, 춤과 음악을 대표하는 따사로운 여신이며, 죽은 자들의 보호신이자 저 먼 외국 나라들의 여주인이기도 했다. 이들은 태양 신이자, 신들의 왕인 **아몬 레**를 위한 사원도 지었다. 고대의 두 파라오인 아메노피스 1세와 람세스 2세를 위한 제단도 잊지 않았다. 전설에 따르면 아메노피스 1세가 그들의 마을을 세웠으며, 람세스 2세는 60년 이상 이집트를 통치한 위대한 건설의 왕이었다.

'꼭대기' 여신이 마을을 굽어보고 있다. 뱀 여신 메르세제르가 여기에 살고 있다.

수호신

데이르 엘 메디네 사람들은 특히 뱀의 여신(코브라)인 메르세제르를 좋아했다. 이 여신은 침묵을 사랑하고, 사람들에게 벌을 주기도 하지만 죄를 뉘우치는 자들은 용서해준다. 메르세제르는 마을과 무덤을 굽어보고 있는 바위산에 살았다. 그래서 사람들은 '꼭대기'라는 별명을 이 여신에게 붙였다. 다른 이집트인들처럼 이곳 노동자들과 가족들도 신앙심이 아주 깊었다. 그래서 죽은 조상들의 혼을 달래는 제사를 항상 집에서 지냈다. 집 안의 알코브(안으로 푹 파인 벽)에는 이 마을 최고의 장인들이 만든 흉상들이 죽 늘어서 있었다. 그 앞에 단아한 제물상을 놓고, 제물들을 가득 차려 놓았다.

하토르 여신은 두 뿔 사이에 둥근 태양 장식과 높이 솟은 두 개의 깃털을 달고 있다. 제26대 왕조.

오시리스 신이 부인 이시스 여신과 매 머리를 한 아들 호루스와 함께 있다. 제22대 왕조.

아주 특별한 날

파라오가 죽자 주민들은 후계자가 왕위에 오르기를 애타게 기대한다.
새로 공사가 시작될 것이고, 많은 하사품들이 나올 것이기 때문이다.

아이들과 부모들.

새 파라오 만세!

오늘은 람세스 파라오가 통치한 지 서른 두 번째 여름, 그 첫 달 하고도 열 다섯째 되는 날이다. 치안대장 맨투메스가 데이르 엘 메디네에 당도했다. 뜨거운 열로 숨이 턱턱 막힌다. 바람 한 점 없다. 치안대장이 말한다.
"오늘 파라오가 돌아가셨다. 그의 아들 람세스 4세가 새 왕이 될 것이다."

집 내부.

나무 의자 받침대 위에 안이 둥글게 파진 항아리가 놓여 있다.

방 세 칸과 부엌

오늘은 골목마다, 집들마다 문을 모두 열어놓고 맥주를 마시며 이야기 꽃을 피우고 있다. 방금 들은 소식이 화제다. 아이들은 정신없이 왔다 갔다 하며 놀고 있다. 이웃집도 마찬가지다. 집들은 한 방향으로 죽 늘어서 있고 바로 앞이 길가다. 세간은 거의 없고 방들도 정말 작다. 가장 큰 방이라는 게 큰 걸음으로 두 번만 내디디면 될 정도다. 땅바닥은 고르게 잘 다져 있고 천장에는 나무통들이 다 보이게 대어져 있다. 하얀 석회가 발라진 벽은 겨우 1미터가 될까? 위험한 전갈과 거미들이 벽을 기어 다니는 게 모두 보인다. 방과 창고에는 살림살이며 연장 도구, 초벌 작업물들, 옷가지들, 양식 등이 있다.

초벌
물건이나 작품을 만들 때 그 첫 번째 단계로 대강 윤곽만 잡아 놓은 그림이나 1차 작업.

하사품

얼마 후 큰 길가는 사람들로 가득 찼다. 왕실 관료들이 바쁘게 움직이며 60여 가구, 대략 6백 명 정도 되는 마을 사람들의 수를 세었다. 치안대장이 가고 나자 거리에 웃음과 노래 소리가 왁자하게 울려 퍼졌다. 이제 새로운 파라오의 무덤 공사가 시작되기 때문이다. 말린 생선이며 나무, 포도주, 야채 등 새 파라오의 하사품들이 곧 도착할 것이다.

하사품
왕이나 윗사람이 선물로 내린 물품.

식사와 일거리들

마을에 남아서 항아리나 바구니, 가구를 만드는 장인들의 식사와 마찬가지로
양파와 빵, 시원한 맥주가 묘지 작업장 일꾼들의 식사였다.

두 남자가 작은 맥주 항아리 옆에서 무릎을 꿇고 보리를 빻고 있다. 이 보리를 큰 항아리에 오랫동안 담가둬야 맛있는 맥주가 만들어진다. 그들 옆에서 한 여자가 가루가 다 만들어지기를 기다리고 있다. 중기 왕조.

빵과 과자

마을 사람들의 주식은 반죽해서 구운 빵과 양파였다. 여기에 맥주가 항상 곁들여졌다. 묘지 작업장의 일꾼들은 그래도 행복한 사람들이었다. 끼니를 거르지 않았기 때문이다. 모든 이집트인들이 그렇게 잘 먹은 것은 아니었다.
여자들은 40여 종류의 빵과 여러 과자들을 만들 줄 알았다. 보리밀, 스펠타밀 또는 그냥 밀에 꿀, 우유, 버터를 섞어 반죽을 했다.

스펠타밀
갈색이 감도는 좀 단단한 밀.

물과 맥주

사막에 자리잡은 데이르 엘 메디네 마을에 물을 공급하기 위해 물 지게꾼들이 하루 종일 일을 했다. 물 지게꾼들은 당나귀들을 몰아 나일강에서 마을 앞 성벽까지 수없이 왔다 갔다 했다. 성벽 대문 근처에 놓인 커다란 항아리에 물을 부어 놓으면 마을 주민들이 와서 자기들 단지에 물을 채워 갔다.
여자들은 부엌에서 자주 맥주를 만들었다. 만드는 법은 간단하다. 먼저 보리를 가루로 빻는다. 이 가루를 반죽통에 넣어 반죽한 다음, 반죽을 재빨리 익힌다. 대추를 넣어 달게 된 물에다 이 반죽을 담가두었다가, 발효될 때까지 기다린 다음 걸러서 마시면 된다.

앉은뱅이 의자 두 개.

무덤 속에 그려진 어느 부부의 모습. 죽어서도 영원을 기린다. 여자는 머리에 꽃을 꽂고 있다.

아마 천.

항아리와 바구니

데이르 엘 메디네에서 멀지 않은 곳에 작은 종려나무 숲들이 우거져 있다. 종려나무는 여름이면 그늘을 만들어 주고 가을이면 열매들을 주었다. 또 계절마다 나오는 이파리들을 엮어서 일상 생활 용품들을 만들 수 있었다. 줄들을 걸고 당겨 끈들을 꼬아 의자 받침, 샌들, 돗자리, 잡동사니를 정리하는 바구니 등을 만들었다.

다양한 모양으로 만들어진 수백 개 항아리들은 물건들을 정리하기 위한 용도로 사용했다. 이집트인들은 나일강 진흙과 약간 짓이겨 놓은 지푸라기들을 섞어 항아리들을 만들었다. 흙 반죽을 잔 모양이나 병 모양, 항아리 모양 등으로 다양하게 만든 다음 햇볕 아래에서 말렸다. 그리고 불구멍에 넣어 구웠다. 가끔은 꽃무늬나 밝은 푸른색 선들을 새겨 넣기도 했다. 받침대를 준비하는 것도 잊지 않았다. 받침대가 없으면 항아리들이 넘어지기 때문이었다. 목수들은 종려나무, 무화과 나무, 아카시아 나무 등으로 함, 앉은뱅이 의자, 빗, 순가락, 직각 자, 망치, 관 등을 만들었다. 이런 물건들은 아주 귀하고 비쌌는데, 이집트에서는 나무가 아주 귀했기 때문이다.

관
죽은 자들을 모시는 나무 혹은 돌로 된 함.

지금도 이집트 도기업자들은 항아리를 햇볕 아래서 말린다.

종려나무.

화폐가 없는 나라

데이르 엘 메디네에는 화폐가 없었다. 장인들은 월급으로 받은 자연 산물로 필요한 항아리, 바구니, 가구, 옷들을 샀다. 물물 교환이었다.

엮어 짠 바구니. 뚜껑도 딱 맞게 만들었다.

특산품

데이르 엘 메디네에서는 모든 인부들이 파라오를 위해 일했다. 매달 한 번씩 이들은 왕궁으로부터 양식, 음료, 의복 등을 받았는데, 이것이 그들의 월급이었다. 어떤 품목들은 아주 귀한 것들로, 멀리서부터 배로 실어왔다. 북부 지방 **델타**에서 온 질좋은 포도주, 팔레스타인 지방 시리아에서 온 고급 향유 등. 나일강가 종려나무와 무화과 나무 숲 그늘에 물건들을 배에서 내려놓은 다음, 당나귀 등에 실어 마을까지 운반했다. 일반 품목들인 포도주, 향유, 새들과 말린 생선, 기름, 꿀과 곡물들은 테베 근처에서 생산된 것들이었다.

직업에 따라 다르게

매달 28일에 대재상 파견인과 필경사가 마을 입구에 나와 양식 배급을 감독했다. 항아리, 자루, 바구니들이 양식을 운반하는 데 쓰였다. 각자 가져갈 몫이 부아소로 지급되었다. 우선 두 작업 감독관이 스펠타밀 다섯 자루와 보리 두 자루를 가져 간다. 이어 인부들이 한 명씩 나와 스펠타밀 두 자루 반과 보리 한 자루를 가지고 간다. 창고 관리인은 이보다 조금 적게 가져간다. 왕들의 무덤 문지기는 더 적게 가져간다. 마을 사람들은 이 배급 과정을 모두 감시했고 필경사는 모두 적었다. 병사들은 언제든 개입할 준비를 하고 있었다. 왜냐하면 배분 과정에서 자주 싸움이 일어났기 때문이었다.

부아소
곡물의 양을 재는 데 사용된 옛날 단위. 1부아소는 약 13리터였다.

배의 선장과 선원들. 이집트 중기 왕조.

선원들이 배 위에 곡물을 싣고 있다. 왕궁으로 가는 것일까, 아니면 사원으로? 아니면 데이르 엘 메디네로?

연고
크림이면서 약으로 쓰인 이 기름은 특별한 작은 항아리에 잘 보관해 두었다.

물물 교환이 최고야!

화폐가 없으니 상인들은 물물 교환을 했다. 그러다 보니 값을 놓고 자주 말싸움이 벌어졌다. 가령 가장 잘 나가는 품목인 석관은 옷 한 벌, 스펠타밀 한 자루, 돗자리 네 개, 나무 문짝 하나, 침대 하나, 기름 두 단지, 그리고 연고 한 단지와 교환되었다.

며칠 후 새로운 파라오가 된 람세스 4세가 마을에 추가분을 배급했다. 소금과 비누 대용으로 쓰이는 천연 탄산 소다와 약간의 고기였다. 이 보충 품목들은 그대로 잘 갖고 있거나, 아니면 필요한 다른 물건들과 물물 교환을 했다. 물물 교환 덕에 모두 잘 살 수 있었다.

데이르 엘 메디네 마을의 여자와 남자.

거짓말과 도둑질

분쟁을 해결하기 위해 마을 사람들은 회합을 열어 현자들의 판단에 맡기거나 사제들이 중재하여 신들에게 호소했다. 가끔은 틀린 판결이 나오기도 했다.

오시리스 신.

현자들의 재판

데이르 엘 메디네의 '현자'들은 회합을 열어 수많은 분쟁을 해결했다. 사람들의 하소연을 듣고 사안이 심각하지 않으면 바로 판결을 내렸다. 대재상만이 사형을 내리거나 죄를 면해줄 수 있었다. 오늘 회의는 아주 시끌벅적하다. 필경사는 도편 위에 재판 요약문을 적는다.

('메나'라는 도안가가 '티자아'라는 물 지게꾼을 고소했다. "내가 물 지게꾼한테 27데벤의 구리와 한 단의 아마 천을 주었어요. 당나귀 한 마리와 바꾸는 조건이었죠. 그런데 당나귀가 완전히 형편 없었어요. 좋은 당나귀를 가져오든가 아니면 내 돈을 당장 내놔야 합니다!" 그러자 티차아는 재판관들 앞에서 맹세를 한다. "알았습니다. 좋은 당나귀를 주든가 그의 돈을 돌려주죠.")

성벽과 묘지 뒤에 아주 잘 보호되어 있는 마을 데이르 엘 메디네.

도편
도기 조각이나 석회석 조각. 옛 이집트인들은 그 위에다 글을 썼다.

신들의 재판

어떤 경우에는 현자들의 판결보다 신의 판결을 받고 싶어했다. 그러면 사원으로 가서 신에게 물었다. "이 소는 내가 받아도 좋은 소입니까?" "아들이 저에게 거짓말을 했습니까?" 그러면 사제들이 들고 있는 신 조각상이 앞으로 나와 '그렇다'고 하거나, 뒤로 물러나면서 '아니다'라고 했다. 신이 판결한 것이다! 간혹 고소인은 자기가 의심하는 사람의 이름을 갈대 잎 띠 위에 적어 신에게 묻기도 했다. "프타모세일까요? 아니면 카샤?" 이어 신에게 묻는다. "오, 제 염소는 어디 있나요?" 그러면 제사장은 갈대 잎 띠 하나를 제비 뽑기 하듯 되는 대로 골라 집는다. 만일 답이 만족스럽지 않으면, 같은 질문을 다른 신, 다른 신전에 가서 다시 할 수 있었다. 그러나 사람들이 가장 두려워한 것은 사후의 재판이었다. 사람들은 오지리스 신과 모든 저승 세계 신들을 두려워했다.

재판 실수

판결이 가끔 틀릴 때도 있었다. 오늘날 우리가 그 증거를 갖고 있다. 람세스 3세의 무덤 도굴에 참여했다는 죄로 고소 당한 아메누아라는 인부는 계속해서 죄를 부인했다. 그는 결국 증거 불충분으로 벌을 받지 않았다. 그런데 3천 년이 지나 데이르 엘 메디네의 유적을 발굴하던 중, 그의 집이 발견되었다. 고고학자들은 아메누마의 집 창고에서 그가 무덤에서 훔친 물건들을 찾아냈다. 대단한 재판 실수다!

필경사는 점술가

필경사는 글의 비밀을 알고 있는 사람이었다. 또한 많은 다른 지식들도 갖고 있었다.
마을 사람들은 병을 고치거나 악령을 몰아내기 위해 필경사를 찾아갔다.

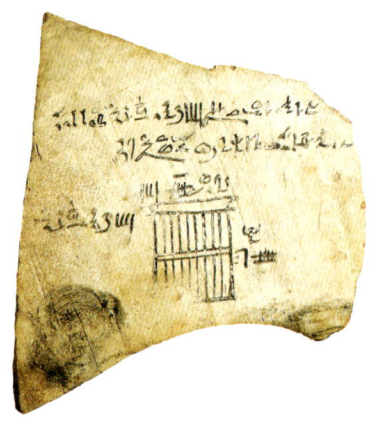

필경사는 값이 덜 나가는 부서진 항아리 조각에 창문 주문을 적었다.

진짜 현자

마을에 한 현자가 있었는데, 그는 필경사이면서 점술가로 통했다. 다른 필경사처럼 당연히 그는 글을 잘 쓰는 능력이 있었다. 또 병들을 이겨내고, 악령을 몰아낼 줄도 알았다. 뱀들을 물리치게 하고, 놀란 가슴을 가라앉게 만드는 주문도 알고 있었다.

상형 초서체
상형 문자를 쓰는 하나의 방식으로 글자마다 각 상징을 담아 필기체처럼 흘려 쓴다.

파피루스에 적어 놓은 부적.

필경사가 중요한 자료들을 정리하는 함.

악령 몰아내기

책상 다리를 하고 앉아서 필경사는 한 목수한테 줄 창문 주문서를 준비하고 있다.

"나크타몬, 얼른 아주 정확하게 이것과 똑같이 네 개를 만들게. 내일까지! 가로로 종려나무 넷, 세로로 종려나무 다섯 하고도 두 손가락 길이로!"

필경사는 얼른 스케치한다. 이때 우베크헤트 부인이 겁에 질려 들어온다.

"필경사님! 우리 아들 아니나크흐테가 온몸이 불덩이예요. 독감 같아요. 신들의 노여움을 산 거지요? 부적을 하나 해주세요."

"일단 앉으세요. 진정하시고요. 우선 오시리스 신한테 이 악귀들을 저승으로 다시 데려가시라고 부탁하세요. 자, 그러면 뚝입니다!"

필경사는 갈대 펜촉에 검은 잉크를 묻혀 **파피루스 종이**에 **상형 초서체**로 몇 자 적는다. 그러더니 그 파피루스를 위에서 아래로 여덟 번 접고, 왼쪽에서 오른쪽으로 다시 다섯 번 접고, 다시 오른쪽에서 두 번, 왼쪽에서 두 번 접는다. 그렇게 아주 작은 종이 쪽지처럼 만들어 실로 가운데를 단단히 묶는다. 이어 일곱 매듭으로 묶인 목걸이에다 그 종이를 단다.

"이 목걸이에다 갈대 매듭 하나 양파 꼬랑지들을 달아주십시오. 그리고 아드님 목에 걸어주세요. 그러면 악령들이 달아날 겁니다."

"아이고, 고맙습니다, 필경사님. 오늘 저녁에 제가 세마포 몇 폭과 샌들을 가지고 오겠습니다."

하나의 무덤과 석관에 들어 있는 두 미라. 매장은 끝이 나고, 이제 마지막 작별 인사만 남았다. 하지만 죽은 자들한테 편지는 항상 쓸 수 있었다.

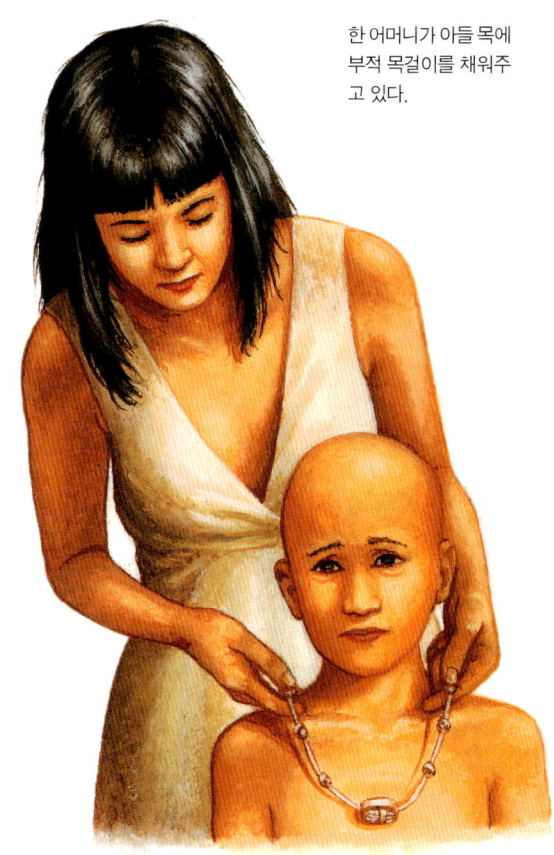

한 어머니가 아들 목에 부적 목걸이를 채워주고 있다.

망자에게 쓰는 편지

이튿날 아침, 이번에는 인부 카사가 필경사 집에 온다. 카사는 아름다운 아내 아크흐타이가 죽은 후 상심에 젖어 있었다.

"필경사님, 마음을 달랠 수가 없습니다. 아내와 마지막 작별 인사를 할 때, 무덤 앞에 세워져 있던 아내 석관이 항상 눈앞에 나타납니다. 아내한테 편지라도 쓸 수 있을까요?"

그리고 필경사한테 이렇게 불러준다.

"여보, 당신이 이승에서 나와 함께 있는 동안, 난 한 번도 당신의 속을 썩이지 않았소. 그렇지요, 여보? 어떻게 지내오? 곱디 고왔던 당신! 제발 나를 위해 신들한테 가서 이렇게 말해주시오. 내 남편이 부탁하는 것은 모두 들어주시라고요, 네?"

필경사는 이 편지 글을 아주 소박하게 생긴 항아리 **파편** 위에다 적는다. 부서진 항아리는 셀 수도 없이 많으니 비싸지도 않다. 노역장 인부라면 파피루스 값을 낼 수 있을 정도로 부자가 아니다. 이건 필경사도 잘 안다. 곧 카사는 그 편지를 받아 아내 무덤으로 달려간다. 그리고 아크흐타이 무덤 제단에 편지를 고이 놓는다. 몇몇 제물들과 함께. 내일 카사는 필경사한테 사례품으로 그가 짠 바구니 두 개를 들고 올 것이다.

파편
깨어진 항아리 조각.

필경사 학교

선택된 몇몇 소수들은 파라오 무덤에서 돌에 치이는 노동을 하지 않아도 되었다.
이 선택 받은 자들은 4년간 집중 교육을 받은 후 필경사가 된 사람들이었다.

필경사 학교.

가장 좋은 직업

소년들은 공부에 열심이었다. 아이들은 필경사가 아주 좋은 직업이고, 존경받는 사람이라는 것을 잘 알고 있었다. 세금을 안 내도 되고, 들판에서 일하느라 손이 틀 일도 없으며, 돌을 윤 내고 무거운 짐을 드느라 바지가 더러워지고 구멍 날 일도 없었다. 힘겹게 저어야 할 노도 없고, 말을 잘 들어야 할 주인도 없다. 이런 힘든 직업을 가진 사람들한테는 필경사야말로 최고의 직업으로 보였다. 아, 그러면 뭐하나! 지금은 지겨운 받아쓰기 시험 시간!
"원숭이들한테 춤추기를 배우고, 말들을 조련한다."

학생들은 씻기 편한 나무판을 사용했다. 닦으면 잉크가 지워졌고, 그러면 다시 쓸 수 있었다.

열심히 공부 중인 학생.

필경사 학교

필경사가 되려면 어릴 때부터 4년 동안 학교에 다녀야 했다. 보통은 아버지들이 집에서 아이들을 가르쳤다. 하지만 데이르 엘 메디네에 그 많은 필경사들이 있었던 것은 학생들을 모아 가르치는 학교가 따로 있었기 때문이었다.

시누헤
이집트의 궁정 관리로 기원전 1960년 이집트를 도망친 유명한 일화가 전해진다.

화장 회반죽 목판
화장 반죽을 입힌 나무판. 화장은 석고와 숨을 조금 죽여 놓은 생석회, 백묵 가루 등을 섞어 만든다.

읽기, 쓰기, 셈하기

필경사 학교의 선생은 교재로 옛날 이야기들이나 종교적 일화 같은 고전적인 글을 골랐다. 아이들은 한 소리로 시를 낭독하듯 읽었다. 아이들은 시누헤 이야기를 듣거나 암송하는 것을 좋아했다. 항아리 파편 위에나 화장 회반죽 목판, 석회석 조각 같은 것에다 글을 써야 했다. 파피루스에다는 절대 쓸 수 없었다. 파피루스가 너무 비쌌기 때문이었다. 제일 먼저 글자 한 자 한 자를 따로 썼다. 이어서 단어를, 그리고 문장을 쓰고 그 다음에는 긴 글을 썼다. 끔찍한 받아쓰기 시험을 보기 전에, 수없이 연습해야 했다.

받아쓰기 시간이다.

"자, 받아 적어라. '필경사는 무위도식 해서는 아니 된다. 이에 쉽게 넘어갈 수 있다. 쾌락을 멀리 하거라. 아니면 낙오자가 된다. 네 손으로 직접 써라. 네 입으로 직접 읽어라. 귀는 등 위에 있다. 누가 네 등을 치거든 그것을 들거라.'"

학생들은 가는 갈대 촉을 검은 잉크에 비벼댔다. 이 가는 듯한 마찰 소리에 소름이 돈다. 하지만 이 소리에도 곧 적응해야 했다. 선생님의 몽둥이가 언제 등에 떨어질지 모르기 때문이다. 내일은 흉조의 문자들을 적기 위해 빨간 잉크로 쓰는 법을 배우게 될 것이다. 또 구두점 찍는 법도. 그런 다음 셈과 도형도 배우게 될 것이다.

잉크는 오목하게 파인 구멍 속에 넣고, 갈대 촉은 판 한가운데 크고 기다란 홈을 파서 끼워 두었다.

고대 이집트인들은 이런 조언을 하곤 했다. "필경사가 되어라. 흰 옷을 입은 너는 가난에서 벗어날 수 있고 사람들은 너를 존경하리라."

사막에서 발견된 석회석 조각에는 한 젊은 필경사가 제물 올리는 여자를 그리며 흡족해 하는 모습이 그려져 있다.

새벽의 노동자들

노역장의 일꾼들은 새벽부터 사막으로 가는 힘겨운 행군을 시작한다.
고된 노동의 하루가 그들을 기다리고 있다.

길에서 가끔 독사들을 만나기도 했다.

얌전히 걷고 있는 사자 위에서 중심을 잡고 있는 여신. 손에 연꽃과 뱀을 들고 있다. 사람들은 무릎을 꿇고 이 여신에게 조아리고 있다.

오랜 행군

필경사들, 작업 반장들, 노역장의 일꾼들한테 휴일은 항상 빨리 지나간다. 오늘은 새벽부터 왕의 계곡을 향해 떠나야 한다. 한 시간도 넘게 비탈길을 따라 걷는다. 묘지 터를 지나 북쪽으로 길이 난 왕비 계곡으로 향한다. 산등성이를 지나고, 산길 절벽을 따라 높은 고개 마루까지 올라간다. 그 높은 곳에 몇몇 막사들이 세워져 있다. 일꾼들이 밤에 잠을 잘 곳이다. 저녁마다 집으로 돌아갈 수는 없는 일이기 때문이다. 험난한 길에 온 몸이 지친다. 이제 비탈길은 급한 경사길이고, 그들을 기다리고 있는 왕의 계곡이 곧 나올 것이다.

뱀과 전갈

여러 해가 흐르고 사람들의 왕래가 빈번해지면서 비탈길도 점점 닳기 시작했다. 마른 돌들 때문에 가파른 산길이 더욱 위험해졌다. 버려진 계곡 산에는 굶주린 하이에나들과 독사들이 도사리고 있었다. 일꾼들은 전갈 독은 아주 치명적이지 않으나 코브라나 독사의 독은 아주 치명적이라는 것을 잘 알고 있었다. 다행히 이 용감한 사내들은 막대기를 한 번 툭 쳐서 독사를 죽이는 법을 알고 있었다.

마을에서 시작된 길은 사막으로 갈수록 더욱 깊어진다.

세 마리 개가 하이에나 한 마리를 추격하고 있다. 이집트인들은 하이에나만큼이나 사막의 들개들도 무서워했다.

파업을 못할 것도 없지!

시간이 점차 흐르면서 인부들 사이에서 불만이 터져 나왔다. 길은 험하고 일은 혹독하다. 그런데 특히 지난 달, 그들은 월급을 한 푼도 받지 못했다. 오늘은 작업장 동굴이 텅 비어 있다. "어떻게 할까?" 인부들은 고민했다.

그들 가운데 가장 나이 많은 사람이 말했다.
"내가 젊었을 때, 하루는 말이야, 이렇게 외치며 현장을 떠났어. '식량을 안 주면 노동도 없다!' 우리는 사원들 근처 계곡으로 내려왔지. 거기 성벽 그늘에 앉아 우리 대장 격인 대재상한테 편지를 썼어. 월급을 받은 후에만 일을 하겠다고. 그러자 대재상이 적은 선불이나마 바로 보내오더군. 곧이어 후불을 해주겠다고 하면서. 대재상 말이 왕실 저장고도 다 비었다는 거야. 그러니까 우리도 며칠이 지나도 아무것도 받지 못하면 다시 그때처럼 해보자!"

언제든 파업할 준비가 되어 있는 인부들은 곧 아까의 걱정을 잊고 왕의 계곡으로 돌아왔다. 다시 일을 시작할 때다.

사막의 영양.

람세스 4세의 무덤

노역장에서는 각자 자기 역할이 있다. 대재상의 권위와 필경사의 통제 하에 전문 인부들과 비전문 농민들이 바쁘게 움직였다. "하나라도 실수하는 놈은 가만 안 둬!" 무시무시한 감시대원들이 지켜보고 있다.

이 석판을 보면 다른 재상들처럼 프타메스 재상도 가슴께에서 매듭을 묶은 긴 옷을 입고 있다.

단검과 창, 활과 화살이 파라오와 병사들의 무기였다.

장인들은 보통 청동 날 손도끼와 칼자루가 나무로 된 칼을 사용했다.

농민들도 동원

데이르 엘 메디네의 건설 인부들만 일하는 게 아니었다. 전문 인력은 아니지만 수많은 농민들이 그 고달프고 혹독한 일을 도왔다. 돌들을 나르고, 비계를 쌓고, 바구니들을 고치고, 물을 길어다 주는 고역을 마다하지 않았다. 농민들은 하루 종일 돌 조각들을 무덤 저 안에서부터 실어 날랐다. 정말 개미들처럼 일했다!

묘 자리 고르기

며칠 전, 그러니까 람세스 4세 재위 2년, 나일강 범람 12번째 달 하고도 8번째 날, 네페렌페트 대재상이 왕의 계곡에 올라왔다. 계곡 무덤에는 수많은 왕들이 이미 묻혀 있었다. 대재상은 람세스 4세의 묘를 위해 가장 좋은 자리를 골라야 했다. 한참을 연구한 끝에 다른 무덤들에서 조금 떨어진 저 안쪽 아주 깊이 들어간 곳에 자리를 정했다.

파라오는 대재상의 선택을 수락했다. 그 자리라면 작업을 더욱 서둘러야 한다. 파라오는 장인들과 인부들 수를 60명에서 120명으로 두 배 더 늘리라고 명령했다. 그렇다면 인부들이 더 들어와 살아야 하니, 데이르 엘 메디네 마을 집들은 더 다닥다닥 붙어 있어야 했다. 집들도 새로 지어야 했다.

작업반장들은 파피루스에 적힌 설계도의 지시사항을 정확히 따랐다. 대재상은 모든 것을 감독했다. 이제 작업을 시작한다.

감시대들을 조심해!

인부들도 많지만 도둑들도 들끓는 왕의 계곡에는 메드자이스, 즉 사막의 경찰단이라 할 수 있는 감시대원들이 있었다. 파라오의 명을 받아 그들은 항상 순찰을 섰다. 람세스 4세 시절, 치안은 매우 불안했다. 작업장 책임자이기도 한 그들은 양식 및 연장을 배급하는 동안 발생하는 빈번한 싸움을 해결하고, 그럴 때마다 몽둥이를 휘둘렀다.

눈을 부릅뜬 보초들

이 사막의 감시대원들을 돕는 것은 두 명의 보초다. 낮이고 밤이고 이들은 앉은뱅이 의자에 앉아 파라오의 무덤 입구를 감시한다. 하지만 입구는 이미 높은 성벽으로 둘러 싸여 있어 잘 보호되어 있는 편이다. 보초들은 인부들의 연장을 담아놓는 작은 궤짝도 지켜야 한다. 이 궤짝 속에는 망치, 가위, 호롱불, 직각자, 잘 깎아 놓은 갈대 촉, 돗자리, 밧줄, 잔 등등 온갖 것들이 들어 있다. 보초들은 특히 값 나가는 연장들을 잘 지켜야 한다. 이것들 가운데 하나라도 없어지면, 그들이 다 책임을 져야 하기 때문이다.

람세스 4세라는 이름이 달린 소형 입상. 여기 적힌 신비한 기도문은 사후 세계에서 이루어질 것이다. 무덤에 묻힐 파라오만 죽는 게 아니었다. 무덤을 짓는다고 혹독한 노동을 하다가 수많은 인부들이 죽었다. 살아 있는 자들의 세계에서 그 주문이 이뤄지면 안 되는 것일까? 왕의 무덤에서 일하다 죽은 노동자들의 죽음이 헛될 뿐이다.

갈대로 만든 함과 파피루스.

왕의 무덤을 파다

일단 무덤 자리가 선택되면 작업이 시작된다. 감독관의 통제 아래, 인부들은 바위를 치고 부순다. 그리고 긴 갱도를 내서 돌들을 다 들어내고 실어낸다.

돌, 모래 등을 나르다 보니 바구니 손잡이가 떨어져 나가고 없다.

짠 바구니.

바위산 허물기

몇몇 인부들은 바위산을 파고 부싯돌로 석회질을 긁어낸다. 또 어떤 인부들은 돌이 가득 찬 무거운 바구니를 들어올려 옆에 있는 동료의 등에 올려준다. 그러면 돌 무게에 짓눌려서 등이 팍 휘고 무릎이 휙 꺾인다. 바구니 손잡이에 긁혔는지 손에서 피가 나지만 신경도 안 쓰고 이 돌흙들을 바깥으로 들고 나오느라 여념이 없다.

작업 반장들과 필경사들은 그들이 맡은 조의 작업을 감시, 감독한다. 줄지어 가는 인부들을 떼밀면서, 어서 서두르라고 독촉한다. 모든 일이 일정대로 끝나야 한다. 매일같이 일의 진척 상황이 자세하게 기입된다. 나간 바구니 수, 무덤의 넓이와 높이, 깊이 등이 쿠데 단위로 측정되어 다 기입된다.

쿠데
고대 이집트인들이 사용한 길이 단위로 약 52센티미터 정도다.

한 필경사가 말린 파피루스를 팔 아래 끼고 어디론가 바삐 가고 있다. 아마도 무덤 설계도가 아닐까?

무덤 갱.

깜깜한 무덤

대낮이어도 무덤 갱도 사이로 햇살 한 줄기도 들어오지 않는다. 인부들은 램프에 불을 붙여 굴 속으로 들어갔다. 램프는 흙을 구워 만든 작은 종발 같은 것 안에 헝겊 심지를 넣고, 그 심지를 등유에 적셔 만들었다. 검은 그을음이 생겨 행여나 무덤 벽을 시꺼멓게 만들까 봐 그 안에 약간의 소금 가루를 넣었다.

인부들이 쓰는 다른 장비들도 그렇지만, 이 램프도 파라오가 제공한 것이다. 이런 도구들은 모두 무덤 입구에 놓인 작은 창고에 보관되었다. 보초들이 매일 아침 줄을 서서 갱 안으로 들어가는 인부들한테 이 물품들을 배급하면서 그 수를 파악해 놓아야 했다. 필경사는 누가 무엇을 가져갔는지 정확히 기입했다. 다 돌려받고 난 저녁에는 이 숫자들을 다시 검사해야 한다. 이렇게 철저하니 도둑이 있을 수가 없다!

노동

왕의 계곡에 도착하자마자 인부들은 두 개 조로 나뉘어 각각의 작업 감독관 아래 배치된다. 무덤 오른쪽을 맡게 될 조는 오른쪽으로, 왼쪽을 맡게 될 조는 왼쪽에 자리 잡는다. 이들은 8시간 동안 쉬지 않고 일한다.

휴식

반나절이 지나서야 휴식 시간이다. 빵과 양파, 물이 배급된다. 특히 태양이 뜨거운 여름에는 물을 많이 마셔줘야 한다.

저녁이다. 완전히 지친 인부들은 고개 마루 막사로 돌아간다. 마을에서 보냈던, 얼마 되지도 않았던 휴일이 꿈만 같다. 열흘 중 단 하루밖에 쉬지 않았다! 너무 적다. 그나마 큰 축제 기간이 들어 있으면 더 쉴 수 있지만 지금은 무조건 공사를 진척시켜야 한다. 무더운 여름이지만 다행히 무덤 안은 서늘하다.

갱도
굴 안에 뚫어놓은 길. 사람들이 드나들며 광석이나 자재를 실어 나르거나 바람을 통하게 하기 위해 만들었다.

왕의 무덤을 장식하다

예술가들과 장인들은 무덤을 만드는 데 여러 해를 바쳐 왕이 영원히 살 찬란한 거처를 마련했다. 방, 복도, 계단과 기둥, 구석 등 그 어디 하나 장식이 안 된 곳이 없었다.

무덤 그림들을 보면 이집트인들은 영원히 즐기고, 먹고, 마시기를 염원했다는 것을 알 수 있다.

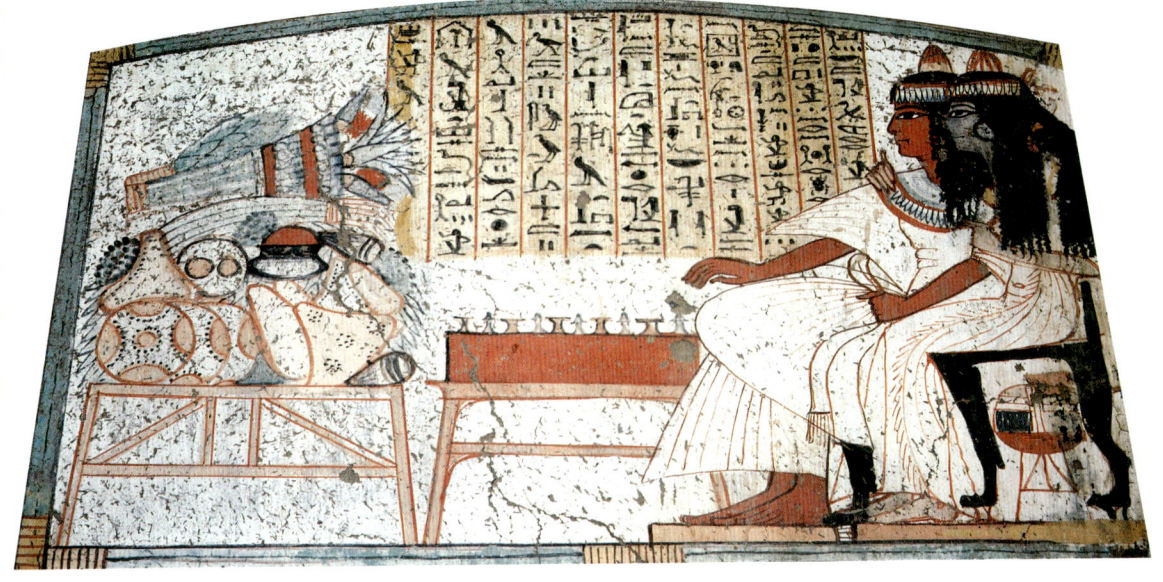

미래의 거처

굴 파기는 보통 2년이 걸렸고, 무덤 장식은 시간이 더 많이 걸렸다. 너무 오래 걸려 파라오가 죽었는데도 아직 무덤이 완성되지 않은 적도 있었다. 앞을 내다볼 줄 알았던 람세스 4세는 작업을 빨리 서두르라고 지시했다.

몇 달 전부터 인부들은 바위산 속에 복도들과 방들을 파고, 돌들을 모두 치웠다. 작업 감독관들과 필경사들은 대재상과 건축가들의 명령을 따랐다. 필요하면 무덤 벽의 도면을 수정하고 천장 높이, 바닥 높이 등도 수정했다. 매일같이 인부들은 땅을 고르고 펴고 두드렸다. 아무것도 아닌 동굴이 아주 화려하고 웅장한 궁전으로 다시 태어날 참이었다.

파라오들은 이승에서 그랬듯이 저승에서도 세계가 영원히 지속되게 해달라고 신들에게 기원했다. 람세스 2세가 독수리 머리를 한 레 호라크흐티 신과 소 머리를 한 하토르 여신에게 포도주를 바치고 있다.

날개 달린 뱀.

기적처럼 살아나는 그림

아무나 어떤 것을 쓰거나, 그리거나, 색칠하는 게 아니었다. 모든 것이 궁에서 결정되었다. 람세스 4세는 그냥 평범한 이집트인이 아니다. 그는 파라오다. 반은 사람이지만, 반은 신인 것이다. 영원히 머물 집, 그의 무덤은 숭고해야만 한다.

복도, 계단, 기둥들과 여러 크기의 방들. 구석구석 뭐 어디 하나 빠진 데 없이 도안, 조각, 문구들과 그림들이 장식되었다. 이 모든 것이 미래의 삶을 살 왕을 위한 것이다. 어떤 대상을 그림으로 표현하면 그것이 기적처럼 살아나 왕의 곁에 머물 것이라고 믿었던 것이다.

저승의 전설

장인들은 무덤 벽에 왕의 영혼이 저승에서 어떤 삶을 살게 될 것인지를 전하는 그림들을 그려놓았다. 행복한 장면도 있지만, 위기와 함정도 있었다. 신들의 모습도 있었고, 신비한 힘을 지닌 여신들과 날개 달린 뱀처럼 영험한 동물들도 있었다. 또 발톱으로 보호의 상징물을 들고 있는 독수리, 죽은 자의 심장 무게를 다는 저울에 제물을 바치는 왕 등도 있었다.

아누비스 신이 죽은 자의 심장 무게를 살피고 있다. 저울 접시 하나에는 심장을 놓고, 또 다른 접시 하나에는 마아트라는 심판과 진실의 여신을 올려놓는다. 심장 무게가 여신의 무게와 같아야만 죽음이 저승에서 받아들여진다. 정말 떨리는 순간이다!

일꾼들의 휴식

현장 계곡산에서 잠시도 쉬지 못하고 일한 일꾼들은, 마을에서 한참 떨어져 있는 움막에서 고단한 몸을 쉬었다. 쉬면서도 쉬엄쉬엄 도안을 하거나 작은 물건들을 만들었다.

잡동사니들을 담는 재미있게 생긴 함. 중기 왕조 때 만들어진 것이다.

초라한 움막

78개의 작은 움막들은 아무렇게나 서로 다닥다닥 붙어 있었는데, 모두 비슷하게 생겼다. 안에는 긴 의자 하나, 벽돌로 단을 만든 낮은 침대 하나가 놓인 게 전부였다. 의자에는 주인의 이름이 적혀 있기도 했다. 문이 하나 달랑 있을 뿐 창문은 없었다. 방 구석에는 커다란 물 항아리가 놓여 있었고 안에는 시원한 물이 차 있었다. 벌레들이 떨어질까 봐 판판한 돌로 항아리 입구를 막아 놓았다.

매일 저녁 일꾼들은 마을에서 먹거리와 마실 거리를 받았다. 물이 대부분이지만 맥주나 포도주가 나올 때도 있었다. 마을 사람들은 서로 돌아가며 당나귀에 양식을 실어 이곳에 날라다 줬다.

산마루 움막

긴 노동 후에도 일꾼들은 데이르 엘 메디네에 있는 집으로 돌아가지 못했다. 집이 너무 멀기 때문이었다. 이들은 왕의 계곡을 굽어보며 모여 있는 작은 움막집들에서 잤다. 몇 년 전 석회석 덩어리들에다 **모르타르**를 섞어 급하게 지은 움막이다. 나일강에서부터 운반해온 이엉들로 지붕을 엮고, 그 지붕 위에 납작한 돌들을 얹었다. 바람에 날려온 모래흙들이 지붕에 쌓여 지붕을 더 탄탄하게 눌러줬다. 산자락 사이라 운신하기도 좋고 주변이 훤히 트여 물자 보급에도 좋았다. 움막은 마을에서부터 힘들게 올라와야 하는 비탈 언덕과 왕의 계곡으로 급히 내려가는 경사길 사이 산마루에 위치해 있었다.

모르타르
돌 덩어리들을 서로 잘 붙게 만드는 석회, 모래 그리고 물의 혼합.

목수 대장 디디와 그의 아들이 떠오르는 태양에게 찬가를 바치고 있다. 태양은 스스로 작은 배를 젓고 있다.

저녁 때 일꾼들이 움막 앞에서 재미 삼아 작은 조각물을 만들고 있다.

신들을 잊지 말라

움막 옆 절벽에 바로 붙어 작은 제단이 하나 놓여 있었다. 제단은 너무나 조촐했다. 아몬 레 신, 그러니까 '좋은 만남의 아몬'신을 모시는 **나오스**(봉안소) 하나 들어갈 자리가 전부였다. 아몬 레 신을 모시는 이유는 사막이라 밤이면 항상 위험이 도사리고 있기 때문이었다. 일꾼들은 사나운 야수들, 비적들, 유령들과 해를 끼치는 영험한 동물들을 만나지 않도록 기도했다. 또 유목민들의 습격, 이웃 민족인 리비아족의 습격을 막아달라고 기도하기도 했다.

저녁에 하는 일

부드러운 달빛과 별빛 아래 일꾼들은 먹고 마셨다. 작은 조각상들을 만들며 도란도란 이야기를 나누기도 하고 그림을 그리거나 조각상을 새기기도 했다. 친구들이나 자신을 위한 비석을 만드는 사람도 있었고, 비석에 상형 문자들을 새기는 사람도 있었다. 또 어떤 사람들은 작은 부적이나 보석을 만들며 시간을 보냈다.

부적
위험이나 악령을 막기 위해 조그만 돌이나 보석, 글자들이 적힌 파피루스 등을 만들어 몸에 지니고 다녔다.

왕의 계곡에 있었던 일꾼들의 움막 유적지.

도안가들

도안가들은 자기 마음대로 그리는 게 아니었다. 무덤 벽면에 모눈 눈금을 그려 비례를 맞췄는데 효율적인 작업을 위해서였다.

벽면에 고양이, 사자, 염소 등을 그리기 전에 도안가들이 연습을 한 흔적들.

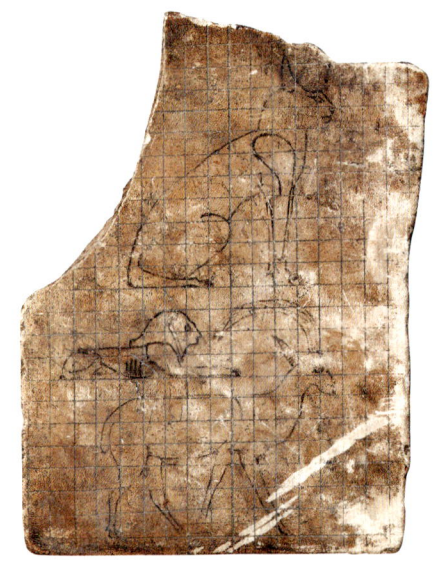

모눈 선 긋기

무덤 벽면에는 도료가 발라져 있었고, 구멍들은 석고로 잘 막아져 있었다. 대재상은 그림이 들어갈 자리와 상형 문자가 들어갈 자리를 이미 정해 놓았다. 대재상이 정한 구도에 따라 장식 작업이 시작되었다. 이미 보조 도안가들이 석벽에 가로줄과 세로줄의 모눈 선들을 그어 놓았다. 이 선들은 도안할 때 꼭 필요한 기준선들이었다. 도안가들은 항상 둘씩 일했다. 큰 장면이 들어갈 넓은 벽면에 붉은색이 묻혀진 줄을 대고 팽팽하게 당겼다. 그러면 붉은 자국이 직선으로 생긴다. 작은 장면을 위해서는 자와 가는 붓을 들고 일일이 선을 그었다.

무덤에 그려진 인물의 크기는 그 사람의 비중도에 비례했다. 하인들은 항상 주인보다 작았다. 어린이들도 성인의 축소물처럼 작았다.

왕의 계곡 무덤에서 도안가들은 인물들과 상형 문자들을 같이 그렸다.

파라오 무덤에서 작업 중인 도안가들.

십장
일꾼들을 감시하고 감독하는 작업 반장.

공동 작업

도안가들은 수년 동안 견습을 해야 했다. 도안의 신비한 효력은 작업의 완벽도에 달려 있기 때문이었다. 십장이 일단 모눈 선들을 검사하고 나면 장식 반장이 구성할 장면을 잉크로 옮겨왔다. 도안가들이 큰 선들을 긋고, 보조들이 작업을 마무리했다. 도안의 마지막 점검 작업이 끝나면 이제 부조 조각가 차례였다. 이들은 윤곽선을 파고, 부조로 인물 형태를 떴다. 그러는 동안 필경사들은 옆에서 수천 개의 상형 문자들을 새겼다.

규칙대로 그릴 것!

모눈이 완성되면 장식 반장과 도안가들이 당도한다. 이제 아주 오래 걸리는 섬세한 작업이 기다리고 있다. 19칸 눈금 높이로 서 있는 한 여자와 한 남자를 그려야 한다. 앉아 있는 인물은 15칸 이상을 넘지 않는다. 머리는 3칸, 다리는 3칸. 이런 비율은 엄격하게 지켜져야 했다. 같은 장면도 채색해야 할 면에 따라 네모 눈금 크기는 변할 수 있지만, 각자 차지하는 네모 눈금의 수는 항상 변함이 없었다.

도안가들이 절대 잊으면 안 되는 규칙이 있었다. 최강의 제1인자들은 크게 표현하고, 2인자들은 중간, 또 약자들은 제일 작게 표현해야 한다는 것이었다. 이승에서의 사회적 비중도가 저승 속 그림에서도 그대로 유지되는 것이다. 그리고 얼굴은 항상 옆면으로, 눈은 정면으로, 어깨는 옆면으로 나타나게 그려야 했다. 하지만 다리는 또 항상 옆면으로 나타나게 그렸다. 참 희한한 원칙이었다.

필경사들

'사자의 서'에는 성스러운 말들로 신들이 인용되어 있었다. 비록 죽었지만 얼마나 행복하고, 영원한 존재인지를 다짐시켜주는 문장들이 죽은 자들 곁에 적혀 있는 것이다.

사자의 서

필경사들은 몇 달 후 왕들의 무덤 저 안쪽으로 조금 더 들어가 '사자의 서'에 나온 문장들을 베꼈다. 이 글만으로도 죽은 자들은 영원한 행복을 누릴 것이다. 그리고 죽은 자는 소생하여 신이 되고, 자유를 얻는다. 저승 세계에서 유용한 모든 것을 얻을 수 있는 이 비문이 없다면 내세의 삶은 끔찍할 것이다.

문의 서

마침내 무덤 가장 깊은 곳으로 들어간 필경사들은 '문의 서'를 썼다. 아몬 레 신이 죽은 파라오의 작은 배를 따라갈 수 있게 해주는 문장이었다. 파라오의 배는 황량한 산의 갈라진 틈 사이로 들어가서는 무시무시한 동물들이 지키고 있는 문들을 지나 12지역을 유유히 항해한다. 강물 위의 작은 배는 죽은 태양신을 안고 가고 있다. 태양신은 아침 첫 햇살을 받아 다시 태어났다가 해 저무는 황혼에 다시 죽는다.

파라오를 위한 세 권의 책

필경사들은 글로 창조했다. 글의 힘으로 죽은 자들의 미래를 수많은 위험으로부터 보호해주었다. 조각가들은 상형 문자와 도안에 음각과 양각을 주었다. 그리고 남은 작업들을 채색가들에게 넘겼다.

한 장인이 죽은 자들의 신인 오시리스 신에게 기도를 드리고 있다.

귀금속이 들어 있는 함. 귀금속을 보호하기 위해 함의 문을 닫고 또 끈으로 묶었다. 그것도 모자라 두 개의 나무 단추를 달아 잠갔다.

수천 개의 상형 문자

정말 언제 다 했나 싶게 무덤 벽은 글자들과 그림들로 촘촘히 메워졌다. 필경사들은 이 문구들을 다 외우고 있다. 이 문구들은 몇 세기 전부터 필경사들이 베껴 쓰고 또 베껴 써서 전해진 것들이다. 람세스 4세 무덤에도 필경사들은 당시 유행하던, 이론의 여지 없는 신비한 힘을 발휘하는 상형 문자들을 새겨 놓았다. 내용을 보면 정말 믿기 힘든 이야기들을 하고 있다. 때로는 무섭기까지 하다. 다행히 그 무서운 저승의 위험을 어떻게 하면 피할 수 있는지도 적어 놓았다.

개코원숭이 모양의 토트 상 옆에 한 필경사가 앉아 있다. 토트는 현자들의 신이며 상형 문자의 발명자다.

동굴의 서

필경사들은 무덤 입구 벽 위에다 직접 '동굴의 서' 일부분을 베꼈다. 거기에는 모든 신들이 인용되어 있었다. 특히 갑충(풍뎅이의 일종)으로 소생해서 세상을 돌아다니는 태양신. 그리고 이어지는 끔찍한 지옥 묘사. 뱀들이 지키고 있는 동굴에 태양신이 도착한다. 동굴 안에서는 거대한 솥이 끓고 있다. 머리, 심장, 시체 조각, 저주받은 자들의 그림자, 영혼 조각들이 끓는 솥 안에 던져진다.

긴 상형 문구 위에 죽은 자와 작별 인사를 하는 장면이 그려져 있다. 무덤 앞에 석관이 세워져 있는데, 그 안에는 가여운 미라가 들어 있다.

채색가들

채색가들은 색의 규칙을 알아야 했다. 도안가들이 그려놓은 윤곽선에 아무렇게나 붉은색, 녹색, 검은색을 바르는 게 아니었다.

세티 1세의 무덤 장식 파편. 한 여신이 죽은 파라오에게 저승 세계에 온 것을 환영하며 그를 보호해줄 상징물들을 보여주고 있다.

소박한 재료들

채색가들이 준비한 재료는 참 조촐했다. 씹어 잘게 으깨 놓은 갈대 풀, 종려나무 섬유질로 만든 작은 붓, 물 한 접시, 물감을 개어 놓는 조가비나 그 조각들. 또 잊어서는 안 되는 것이 있었다. 바로 여섯 혹은 일곱 종류의 다른 색 물감이 개어진 필경사와 채색 화가용 팔레트다. 이것은 세밀한 부분을 그릴 때 주로 사용했다.

섬세한 기술

전통에 따라 채색가들은 우선 색깔들을 일정하게 펼쳐 놓았다. 각 색깔당 물감 한 접시, 물 한 그릇, 붓 하나를 사용했다. 돌 무늬나 나무 무늬를 즐겨 따왔다. 제물들을 그릴 때는 은은한 명암 처리를 하고, 동물들의 털을 표현할 때는 얼룩 무늬 점을 찍었다. 몸에 걸치는 얇은 아마 천을 표현하기 위해서는 투명한 느낌이 나는 연한 색을 칠했다. 색을 모두 칠하고 잘 말린 다음 마무리를 위해 가는 갈대 붓에 검은색을 묻혀 윤곽선들을 정리했다.
화가들의 작업은 급하지 않게 천천히 진행되었다. 그들은 예술을 사랑했다.

데이르 엘 메디네의 장인들 무덤도 천장까지 모두 그림이 그려져 있다.

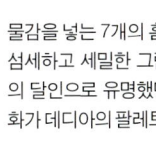

데이르 엘 메디네 화가들이 썼던 색들. 녹색, 푸른색, 검은색, 흰색, 붉거나 노란 황토색.

물감을 넣는 7개의 홈. 섬세하고 세밀한 그림의 달인으로 유명했던 화가 데디아의 팔레트.

색깔들의 의미와 상징

물감들은 부석거리는 빵처럼 으깨진 상태로 여러 시간 동안 놔뒀다가 물에 녹여서 썼다.

팔레트의 색깔들은 다양했다. 화가들은 석탄의 검은색, 생석회의 흰색, 황토의 붉은색과 노란색, 녹색, 푸른색 등을 개어 썼다. 이 색들을 섞거나 겹쳐서 사용하기도 했다.

하지만 상상력으로 색칠하는 것은 금지되었다. 도안가들처럼 채색가들도 어떤 규칙에 따라야 했다. 각 색은 하나의 상징이었다. 검은색은 재탄생, 영원한 삶의 상징이었고, 초록색은 식물과 젊음, 건강을 상징했다. 푸른색은 아몬 레 신의 피부 색이었다. 노란색은 금을 상징하고, 신의 살갗을 의미했다. 하얀색은 축제와 기쁨의 상징이었다. 왕관에 들어간 붉은색은 이로운 색이었지만, 나머지 경우에는 폭력과 해로움을 상징했다.

주름진 드레스를 입은 귀족 부인들이 영원을 기리며 신에게 줄 꽃다발과 제물들을 가지고 가고 있다. 아름다운 색감과 세련된 감각에 탄성이 저절로 나온다.

세공사들

세공사들은 파라오의 치장을 위해 엄청난 보석들과 금, 희귀석을 만들었고, 종교적 기능을 하는 값비싼 장신구들도 만들었다.

보석, 왕홀, 부적

왕들의 무덤에서 멀지 않은 곳에서 세공사들 역시 한시도 쉬지 않고 일했다. 파라오는 보석들을 엄청 좋아했기 때문이다. 어떤 팔찌나 목걸이들은 순전히 장식용이었지만, 왕홀 헤카나 도리깨 같이 정치적 상징을 띤 장신구들도 있었다. 또 어떤 것들은 종교적 의미를 갖는 것도 있었다. 죽은 자에게 놀라운 부적을 달아줌으로써 영원한 삶을 보장해준다는 것이었다. 아주 값비싸고 유용한 패물들인 신성갑충 형상의 조각상, 심장, 눈, 신상 혹은 신성한 동물상 같은 것들이 대표적인 부적들이었다. 금, 청동, 돌 혹은 도자기 같은 것으로 만들었던 이 부적들은 저승에서도 그렇지만 이승에서도 악귀들을 물러나게 하는 효력이 있다고 믿었다.

도리깨
밀을 타작할 때 쓰는 도구. 파라오 왕권을 상징하는 징표로 파라오는 도리깨 모양의 장신구를 들었다.

황금 척추 제드 원주. (오시리스의 척추를 상징한다.)

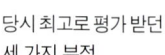

당시 최고로 평가 받던 세 가지 부적.

무거운 목걸이의 균형을 잡아주는 평형추 모양의 부적.

심장 모양 부적.

연꽃 모양의 부적.

이시스 여신과 네프티스 여신.

은과 귀금속

신들의 뼈는 순은으로 만들었다. 이집트 북부와 동부에서 채굴해온 은이었다. 너무 진귀하고 비싸서 세공사들도 많이 사용하지는 못했다. 밝은 푸른빛의 터키석은 이웃한 터키, 시리아 등 동쪽 나라에서 캐온 것이었다. 적갈색 빛이 도는 홍옥수는 누비아 광산에서 캐온 것이고, 어두운 푸른빛의 청금석은 아시아에서 캐온 것이었다.

세공사들은 인내와 정성을 다해 귀금속들을 세공하고 금을 넣어 상감했다.

서로 다른 색깔의 유리들이 상감된 금. 머리는 숫양이고 몸은 독수리인 목걸이의 중앙부분이다.

왕궁 하렘의 한 여자에게 시녀들이 목걸이 하사품을 걸어주고 있다. 이때 파라오도 창문으로 몸을 내밀어 자기 모습을 드러내고 있다.

람세스 4세의 오리 반지.

온통 금이네!

'금의 호루스'라는 칭호를 단 파라오는 자신의 부하 전사들에게 황금빛 비늘 조각들을 박은 눈부신 갑옷을 하사했고, 최고의 재상들한테는 금 목걸이를 하사했다.

신들의 살은 번쩍이고 변하지 않는 순 황금일 것이라고 생각한 이집트인들은 황금 부적이 홍옥수보다 훨씬 효력이 있을 것이라고 믿었다. 최고로 값비싼 금쯤은 되어야 기적을 발휘할 것 아닌가!

다행히 동쪽에 있는 나라와 누비아의 광산에서 금이 많이 나왔다. 파라오는 그곳에 정기적으로 군사 원정단을 보냈다. 병사들은 금을 채취하고, 무게를 달고, 잘 닦아 윤을 내고, 다시 무게를 달아 왕궁으로 실어왔다. 그러면 왕은 그 가운데 얼마를 세공사들한테 맡겼다.

세공사들은 도구들로 금을 녹이고, 거푸집에 부어 형태를 뜨고, 용접하고, 가는 금 이파리로 쳐대고, 오리고, 새기고, 씌우고, 금, 색유리, 도자기 등을 박아 입혔다. 왕홀, 왕관, 거울, 화려한 보석들은 지칠 줄 모르는 예술가들의 숙련된 손 아래서 태어났다.

무덤 속의 수많은 물건들

세공사, 목수, 도공, 직조공들은 치장 도구들, 가구, 장신구, 악기 등 파라오가 저승에서 필요한 모든 물건들을 만들어냈다.

왕의 청동 무기.

빗.

화장수 단지.

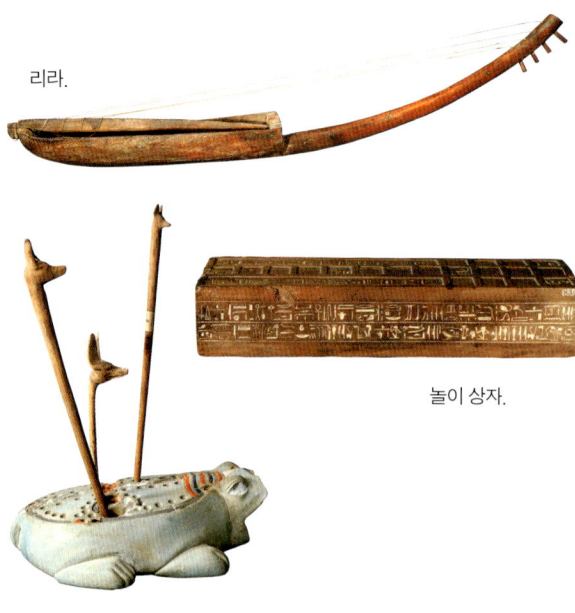

리라.

자칼 머리를 한 나무 막대기들이 꽂혀 있는 하마 놀이 상자.

놀이 상자.

도자기 팔찌.

목침.

왕실 작업실에서

왕실 장인들이 모두 파라오 무덤에서 일하는 것은 아니었다. 세공사, 목수, 도공, 기타 다른 장인들은 왕실에 있는 자기 작업실에서 일했다. 장례 가구를 비롯해 사후의 삶에서 필요한 모든 물품들을 준비했다. 그러면 파라오들은 무엇이 필요했을까?

가구들과 무기

먼저 가구들이 필요했다. 의자와 낮은 둥근 의자, 그리고 함. 또 안락한 침대를 절대 빠트리면 안 되었다. 그리고 베개 밑에 놓는 신기하게 생긴 작은 고급 목침. 목침에는 작은 수호신 인형상이 조각되어 있었다. 왕의 수면을 방해하는 사악한 귀신들을 내쫓기 위해서였다.
살아 있을 때처럼 파라오가 편안하게 잠을 잘 수 있도록 더운 여름에 쓸 부채도 있었고, 기분 전환을 위한 놀이 상자, 아름다운 하프 같은 악기도 있었다. 목걸이며 반지, 금, 은, 청금석, 터키석, 홍옥수 같은 보석류들까지. 정말 엄청났다!
파라오는 또 무기와 전차도 잊지 않았다. 파라오는 무엇보다도 나라를 지키는 대장이기 때문이었다.

꽃병.

내장까지 따로 보관하다

장례용 항아리들은 다시 큰 함에 넣어졌다. 이 네 개의 백대리석 항아리들은 마개도 아주 멋졌다. 매우 섬세하게 조각된 머리 형태의 마개였다. 죽은 자의 내장들을 꺼내 시체 방부 처리를 한 뒤 이 항아리에 담았다. 각 내장 기관들은 각각의 마개에 새겨진 네 정령들이 지켰다. 이 정령들은 호루스의 네 아이들이었는데, 사람 머리를 한 암세트, 원숭이 머리를 한 하피, 개 머리를 한 투아무테프, 독수리 머리를 한 케베세누프였다.

백대리석
화병이나 고급 장식품을 만드는 데 사용되었던 투명하게 반사되는 흰 석암.

영원한 하인들

이집트 부자들처럼 왕도 백여 명의 우셰비트 정령들이 필요했다. 색칠 목각 인형들이거나 푸른 도자기 인형들이었다. 이 정령들을 함 속에 잘 정렬해 두었다. 이들은 왕에 절대 헌신하는 신하들이며 진정한 하인들이었다. 미라처럼 묶인 몸에, 양팔은 가슴 위에 얌전히 포개져 있고, 손에는 괭이가 쥐어져 있었다. 등에 보따리 하나를 메고 있는데, 인형에는 이런 문구가 적혀 있었다. "만일 람세스께서 저승에서 궂은 일을 하실 일이 생긴다면 내가 바로 달려가겠다!"

투탕카멘의 무덤. 이 정도면 도둑들이 절대 들어올 수 없었을 것이다! 당시의 다른 왕들의 무덤들도 이와 비슷했다.

여러 개의 석관

집이 살아 있는 사람을 보호해주는 것처럼 석관은 죽은 자를 보호해준다.
파라오는 석관이 많을수록 좋다고 생각했다.

눈을 뜨고 있는 석관 머리 장식.

많을수록 좋은 석관

석관 한 개로는 충분하지 않았다. 당시 다른 모든 파라오들처럼 람세스 4세도 하나에 다른 하나를 더 끼우는 식으로 여러 개의 석관을 만들게 했다. 최고의 필경사들이 쓴 기도문을 원했고, 최고의 화가들이 희귀하고 진기한 원료들을 써서 그린 화려한 색채의 고상한 그림을 원했다. 금, 은, 보석으로 화려하게 장식했지만 람세스 4세는 만족하지 못했다.

분홍 화강암 통석관

장례 때 왕의 석관들은 커다란 분홍 화강암 통에 넣어졌다. 너무나 무거워 들 수도 없었다. 그래서 통이 먼저 석관실에 자리를 잡았다. 또 장식 도중에 벽에 부딪칠까도 걱정이었다. 통나무 위에 화강암 석관을 올려 밧줄로 잘 묶은 다음 그 통나무를 굴려 무덤 입구부터 무덤 속 가장 안자리까지 옮겼다. 거기서 석관들을 갈고 윤 내고 닦았다. 조각가들은 작업이 한창이었다.

저 높은 곳에서 보면 이 화강암 통석관은 타원형의 카르투슈 모양을 하고 있다. 왕의 이름을 에워싸고 있는 상형 문자들이 타원형 테처럼 둘러싸여 있다. 뚜껑은 미라 모양으로 장식되어 있고, 뚜껑 안에는 누트 여신이 죽은 자의 머리 위에서 천공을 받치는 모양새로 조각되어 있다. 파라오의 매장 날이나 되어야 비로소 이 뚜껑은 닫힐 것이다.

람세스 4세의 석관들은 남아 있지 않다. 이것은 데이르 엘 메디네에 살았던 마드야 부인의 석관이다.

장인들이 석관들과 미라의 얼굴을 준비하고 있다.

장인들은 보통 망치, 나무, 쇠 송곳 등 간단한 연장을 썼다.

제1석관

보석들은 차고 넘쳤다. 효험 있는 부적들도 좋지만, 저승 생활에 없어서는 안 되는 것이 바로 석관이었다. 파라오는 석관 없이는 살 수가 없다.

우리가 집을 지어 살면서 태양과 추위와 사막의 모래를 피하듯이 죽은 자는 이 석관에서 살아야 한다. 석관이 파라오의 집이다. 석관 바깥에 그려진 눈 덕분에 바깥 세상에서 무슨 일이 일어나는지 다 볼 수 있다. 또 거기 그려진 문을 통해 바깥 세상으로 나올 수도 있다. 파라오는 먹고 마시고 새 제물을 받기 위해 일어날 수도 있다.

파라오의 몸 치수를 정확하게 알고 있는 장인들은 그 크기대로 미라 모양의 석관을 만들었다. 얼굴도 파라오의 옆얼굴을 그대로 따라 만들었다. 일종의 초상화라 할 수 있었다. 화가들과 필경사들은 석관의 안과 밖을 화려하게 장식했다. '사자의 서'의 일부 문장을 옮긴 다음, 화려한 색깔의 그림과 상형 문자들로 완전 뒤덮었다.

석관 안에 이미 들어가 있는 왕을 보호하기 위한 또 하나의 거대한 화강암 석관. 석관 통 각 면에 그려진 이시스, 네프티스 여신들은 날개 달린 팔을 펼치고서 죽은 자를 '품어주고' '숨겨주고' '지켜준다'.

아름다운 미라

파라오가 죽었다. 시체 방부 처리사들은 죽은 자 옆에서 바쁘다. 사제들은 옆에서 주문을 외운다. 새로운 파라오가 장인들에게 완전 고용을 보장해줄 것이다. 파라오 만세!

파라오가 죽었다!

"독수리가 하늘을 향해 날아 올랐다. 파라오가 돌아가셨다. 아들 람세스 5세가 새 왕좌에 오른다."
놀라운 소식이었다! 충격이 데이르 엘 메디네 마을을 엄습했다. 람세스 4세는 겨우 6년을 통치했다. 너무 짧다. 하지만 마을 사람들 사이에서는 기쁨도 느껴졌다. 새로운 파라오가 등극하면 새로운 공사가 시작될 것이고, 하사품도 쏟아질 것이기 때문이다!
그렇더라도 지금은 당장 무덤을 완성하고 장례 도구들과 가구들을 완성해야 한다.
한편 장례 전문 사제들인 시체 방부 처리사들은 람세스 4세의 몸을 미라로 만들었다. 그들은 신전 비밀스러운 곳에서 아누비스 신을 흉내냈다. 아누비스 신은 시체 방부 처리사의 원조라 할 수 있는 그들의 수호신이었다.

시체 방부 처리

시체가 조금이라도 변하기 전에 서둘러야 했다. 왜냐하면 저승 세계에서 살려면 파라오는 절대적으로 그의 몸을 잘 보존해야 하기 때문이었다. 이래야 영혼과 심장이 영원히 산다고 믿었다. 우선 긴 기도문을 암송하면서 철 꼬챙이를 콧구멍에 집어 넣어 시체의 뇌를 아주 조심스럽게 꺼냈다. 그리고 잘 드는 석칼로 옆구리를 오려 내장들을 꺼내 네 개의 커다란 항아리에 담았다. 이제 시체 몸을 닦고 향기 나는 재료들을 몸 속에 집어넣어 덮었다. 이것이 끝나면 **나트론** 욕조에 시체를 넣어 그 물을 다 빨아들이게 만들었다. 그리고 70일 동안 그렇게 놓아두었다.

나트론
죽은 자들의 시체 방부 처리에 쓰이는 천연 탄산 소다의 일종.

부적들; 심장 모양 단지와 여신이 가장 좋아하는 악기인 하토르머리를 한 시스트럼, 우드자트 눈 모양 부적.

제사장들은 아마천 옷 위에다 표범 가죽을 걸치기도 했다. 파라오는 제1제사장이기도 했다.

사칼 머리를 한 아누비스 신이 최초로 미라를 만들었다. 아누비스 신이 새 미라에게 가면을 씌워주고 있다.

미라

70일이 지나면 시체 방부 처리를 하는 제사장들은 시체를 씻고 손가락, 손, 발 등을 특별하게 만든 가는 고무줄로 묶었다. 각 손가락 끝에 금 골무를 끼워주고 적절한 곳들을 찾아 부적을 달았다. 감긴 속눈썹 위에는 눈 모양 부적을, 배 위에는 우드자트 눈을, 심장 위에는 신성갑충 부적을 달았고 또 제드 척추 기둥, 이시스 여신의 매듭 등을 붙였다.

마지막으로 시체 방부 처리 사제들은 향기 나는 고무 액체에 푹 담궈 놓은 넓은 고무 밴드들로 다시 시체를 꽉 묶었다. 그러려니 수백 미터의 가는 천이 필요했다.

우드자트 눈
호루스 신의 마술의 눈.

다시 살아나다

그동안 사제들은 계속해서 기도문을 외웠다.
"람세스시여, 다시 살아나소서. 영원히 다시 살아나소서! 새로운 젊음이여, 영원하소서."
첫 제례 의식으로 입의 개막식을 치르면 죽은 자는 비로소 영원토록 마시고, 먹고, 말하고, 명령할 수 있는 입을 사용할 수 있게 된다.

제례 의식
정확한 명령 속에서 진행되는 종교 의식 행사.

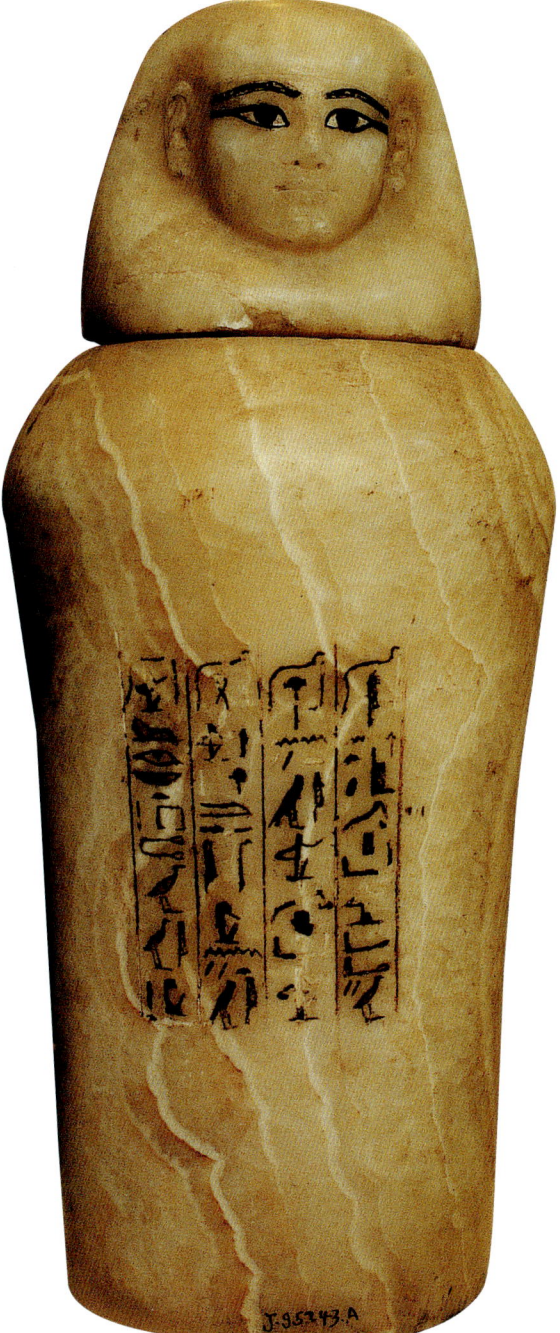

장례용 단지 마개가 신의 머리 모양을 하고 있다.

파라오의 장례식

장례 행렬단이 석관 속에 들어 있는 죽은 파라오를 무덤까지 옮긴다.
엄청난 제물들과 성대한 장례 도구들을 본 도굴자들은 흥분한다.

장례 행렬단

무덤 공사가 드디어 끝이 났다. 왕의 미라도 준비되었다. 파라오 장례가 관습대로 거행될 수 있게 되었다. 행렬단이 장례 신전에서 나와 대열을 갖춘다. 사람들은 머리와 가슴을 치며 통곡을 했다. 상실의 고통을 증명이라도 하듯 온몸에 흙먼지를 바르며 하늘을 향해 울부짖었다. 석관 뒤에는 가족들, 대재상과 신하들, 친구들이 따라가고, 사제들이 기도문을 외우며 시스트럼과 향로를 흔들며 지나갔다. 그 뒤를 장례 도구들과 가구들, 제물들을 든 수많은 하인들이 따라갔다. 행렬은 왕의 계곡을 향해 사막 깊은 곳으로 들어갔다.

작별 인사

마침내 왕들의 무덤에 도착한 사제들은 석관을 묘지 입구 앞에 세우고 다시 입의 개막식과 길고도 복잡한 백여 가지의 의식을 진행한다. 왕비는 무릎을 꿇고 마지막으로 죽은 남편에게 안녕을 고하며 팔로 석관을 부둥켜 안는다.

이어 석관을 끌고 무덤 안으로 내려와 화강암 통 안에 석관을 눕힌다. 그리고 장례 도구들과 제물들을 둘레에 쌓아 놓는다.

곧이어 일꾼들이 그들이 그토록 죽도록 일했던 무덤의 입구를 막는다. 돌들과 모래 뒤에 숨겨 놓았던 돌벽을 세운다.

시스트럼
현존하는 가장 오래된 악기. 고대 이집트의 타악기 일종으로 틀 안에 흔들리면서 소리를 내는 막대기들이 가로놓여 있다.

죽은 자를 무덤까지 따라가며 통곡자들은 오열하고 가슴을 치고 온몸에 흙먼지를 바르며 대성통곡을 한다.

사제들은 신성한 기도들을 읊조렸다.

장례단이 람세스 4세의 무덤 입구에 도착했다.

무덤 도굴자들

람세스 4세의 무덤은 벽을 쌓아 막아졌지만 그 위치는 이미 다 알려졌다. 얼마 떨어지지않은 곳에 데이르 엘 메디네의 일꾼들은 새로운 왕의 무덤을 팠다. 파라오와 함께 묻힌 많은 보석들은 사람들의 탐욕을 자극했다. 도둑들은 무덤을 도굴할 수만 있다면 순찰은 무섭지도 않았고 파렴치한이 되는 것도 두렵지 않았다. 달빛이 은은하게 사막을 비추던 어느 날 밤, 도둑들은 왕의 계곡까지 몰래 잠입했다. 아무 소리도 내지 않고 그들은 람세스 4세의 무덤 내부까지 들어가 석관을 열었다. 가져갈 수 있는 모든 것을 다 훔쳤다. 그리고 아무런 흔적도 남기지 않고 사라졌다. 많은 왕들의 무덤들이 이런 수난을 당했다.

용어 설명과 연대표

이시스와 오시리스의 아들인 호루스는 하늘의 독수리 신이다.

젊은 장인.

나오스 : 신전 가장 깊은 곳에 있는 신상을 모시던 아주 작은 방.

나일강 : 아프리카 심장부에서 태어난 긴 강으로 이집트까지 흘러 지중해로 흘러든다.

내장 : 심장, 간, 위 따위의 신체 내부 기관.

노역장 : 몹시 힘들고 괴로운 노동을 하는 현장.

누트 : 하늘의 여신. 다리와 손은 지구 위에 놓여 있고 몸은 둥근 하늘의 천장 자체다.

대재상 : 파라오를 보필하는 최고 직책의 장관.

데벤 : 고대 이집트인들이 사용했던 무게 측정 단위. 1데벤은 91그램 정도다.

델타 : 이집트 북부 지역으로 나일강이 지중해에서 만나기 전 수많은 지류로 나눠진 곳에 위치해 있다.

사자의 서, 동굴의 서, 문의 서 : 두루마리 파피루스에 적혀 있던 아주 긴 종교 문구들을 말한다.

	기원전 3100년	기원전 2700년	기원전 2200년	기원전 2033년	기원전 1710년
선사시대	초기 파라오 시대	고대 왕조	제1차 혼란기	중기 왕조	제2차 혼란기
나일강 계곡에 사람들이 정착하기 시작.	초기 필경사들이 신들의 문자인 상형 문자를 발명함.	전설적인 파라오 메네스의 이집트 통일부터 피라미드 건설까지.	혼란과 무질서로 이집트가 와해됨.	1인 파라오 통치 하에 이집트 재통일.	침략자들의 등장으로 이집트가 다시 와해됨.
	제1~제2대 왕조	제3~제6대 왕조	제7~제11대 왕조	제11~제13대 왕조	제14~제17대 왕조

데이르 엘 메디네 유적들.

상형 문자 : 고대 이집트에서 사용된 문자로 7백여 개의 상징을 담고 있다.

시체 방부 처리 : 시체를 영원히 보관하기 위해 시체를 다루던 방식으로 나트론과 향료, 여러 향유 및 다양한 재료들을 사용한다.

아몬 레 : 신제국 통치 기간 동안 테베에서 특히 찬양되었던 태양신.

오시리스 : 누이동생 이시스와 결혼해 호루스를 낳았다. 전설적인 이집트의 신이자 왕이다. 동생 세트에게 살해된 뒤, 죽은 자들의 신이 되었다.

왕홀 헤카 : 끝이 말린 막대기 모양으로 왕권을 상징하는 징표. 보따리 등을 걸어 놓는 못처럼 생겼다.

이시스 : 오시리스의 부인으로 보호의 여신이자 마법사다.

장례 : 매장에서부터 저승의 삶까지 죽은 자와 관련된 모든 의식을 일컫는다. 제례를 위한 사원, 시체를 놓기 위한 방, 가구 및 제물 등.

저승 : 죽은 자들이 사는 세상. 우리 미래의 삶.

제물 : 죽은 자들과 신들에게 바치는 음식물과 음료.

진흙 : 강이 범람해 흘러나온 물에 의해 운반된 흙으로 형성된 아주 비옥한 땅.

파라오 : 고대 이집트 왕들을 부르는 이름.

파피루스 : 나일강가에서 자라는 식물로 바구니, 줄 등을 만드는 데 쓰인다. 가늘고 질긴 잎들을 잘라 그 위에 글을 썼다.

우드자트 눈 모양의 부적.

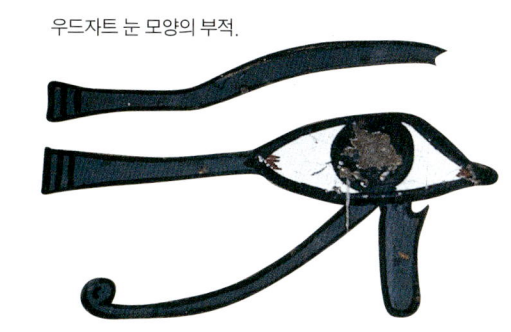

기원전 1550년	기원전 1069년	기원전 664년	기원전 332년	기원전 30년
신 왕조	**제3차 혼란기**	**후기 시대**	**그리스 이집트 시대**	**로마 이집트 시대**
건설에 박차를 가한 파라오들의 등장. 1550년경 데이르 엘 메디네 마을 등장. 람세스 4세(기원전 1154년~1148년)의 통치. 기원전 1100년경 데이르 엘 메디네 마을 사라짐. 묘지들은 여전히 활용됨.	새로운 침략자들 등장. 외래 파라오들이 이집트를 통치하기 시작.	마지막 이집트 파라오 통치 시절.	알렉산드로스 대왕의 정복 이후 그리스 파라오들인 프톨레마이오스 왕조가 이집트를 통치함.	파라오 없어짐. 고대 로마 제국의 한 속국이 됨.
제18~제20대 왕조	제21~제25대 왕조	제26~제30대 왕조		

그림 및 사진 설명

이 책에 실려 있는 그림과 사진들은 모두 루브르박물관이 소장하고 있는 이집트 신왕조 때의 유물과 자료들이거나 그것을 참고로 재현한 것들이다.

표지 :
네브케드 파피루스에 실린 그림 일부(32~33쪽 참고)
람세스 4세 석관(22~23쪽 참고)
나무 및 갈대로 짠 앉은뱅이 의자(10~11쪽 참고)
숫양 머리 독수리 사제 가슴 장식(36~37쪽 참고)
프타메스 재상이 새겨진 어느 필경사의 팔레트(22~23쪽 참고)
람세스 4세 것으로 추정되는 오리 반지(36~37쪽 참고)
자연 문양: 엠마뉘엘 에티엔 그림.

면지 :
나일강 계곡: 장 클로드 골뱅 그림.

p. 1 :
벽기둥 장식: 엠마뉘엘 에티엔 그림.

p. 2-3 :
제물 들고 가는 사람들, 데이르 엘 메디네의 한 무덤 벽화에서 발췌: ©Y. Koenig
자연 문양: 엠마뉘엘 에티엔 그림.

p. 4-5 :
장식 띠: 엠마뉘엘 에티엔 그림.
람세스 2세 때의 테베 전경: 장 클로드 골뱅 그림.
데이르 엘 메디네 무덤 및 피라미드 사진: ©Y. Koenig.
마차를 탄 파라오: 엠마뉘엘 에티엔 그림.

p. 6-7 :
장식 문양: 엠마뉘엘 에티엔 그림.
여자와 남자, 데이르 엘 메디네 무덤 벽화에서 발췌: ©Y. Koenig.
데이르 엘 메디네 마을의 유적지와 멀리서 본 묘지, 나일 계곡: ©Y. Koenig.
데이르 엘 메디네 마을의 '꼭대기' 산 사진: ©Y. Koenig.
하토르 여신상, 제26대 왕조, 카이로 박물관: ©Y. Koenig.
오소르콘 2세의 삼신상, 금, 청금석, 유리 소재, 오소르콘 2세(기원전 874년~850년) 통치의 제22대 왕조, 높이 9센티미터, 가로 6.6센티미터: ©RMN(프랑스국립박물관연합) / H. Lewandowski.

p. 8-9 :
장식 띠: 엠마뉘엘 에티엔 그림.
부모와 아이들이 함께 있는 그림, 데이르 엘 메디네 작업반장 인헤르크하 무덤 벽화 일부: ©Y. Koenig.
항아리 받침대, 나무 화장회반죽 위에 채색, 가로 19.8센티미터, 높이 43센티미터, 폭 20.5센티미터, 항아리, 테라코타 위에 채색, 제18대 왕조, 높이 28센티미터, 지름 19센티미터, 데이르 엘 메디네: ©D.Farout.
데이르 엘 메디네 마을 가옥 구조 및 실내 풍경 재현: 장 클로드 골뱅 그림.

p. 10-11 :
맥주를 만드는 장면, 나무 위에 채색, 중기 왕조(기원전 2033년~1710년), 높이 14.4센티미터, 폭 29.5센티미터, 가로 20.3센티미터: ©RMN / H. Lewandowski.
두 나무 앉은뱅이 의자, 제18대 왕조, 투트모세 3세 통치기(기원전 1479년~1425년), 높이 17.3센티미터, 가로 37센티미터, 둘레 37.5센티미터, 높이 15.3센티미터, 가로 33.7센티미터, 둘레 33.4센티미터, 데이르 엘 메디네: ©RMN / F.Raux.
얼굴들과 상형문자, 시스트럼, 데이르 엘 메디네 무덤 벽화 일부: ©Y. Koenig.
아마천, 중기 왕조, 페리귀외, 페리고르박물관: ©D.Farout.
햇볕에 말리고 있는 항아리 사진, 다크헬레 오아시스에 있는 카스르 마을 근처: ©Y. Koenig.
종려나무, 데이르 엘 메디네 무덤 벽화 발췌: ©Y. Koenig.

p. 12-13 :
뚜껑 달린 바구니, 알파(나래새)와 종려나무 가지로 만듦, 제18대 왕조(기원전 1550년~1295년), 높이 14.5센티미터, 지름 19.5센티미터, 데이르 엘 메디네: ©D.Farout.
장식 띠: 엠마뉘엘 에티엔 그림.
배 모형, 중기 왕조, 카이로 박물관: ©D.Farout.
제물을 싣는 배 안에 곡식을 쟁여 넣는 모습, 오운수 제실에 그려진 무덤 벽화 일부, 곡식의 양을 재는 회계사 필경사 그림, 진흙 벽 위에 채색, 제18대 왕조(기원전 1450년 경), 가로 70센티미터, 세로 31센티미터: ©RMN / Chuzeville.
데이르 엘 메디네 세네드젬 묘지 벽화에 그려진 여자와 남자: ©Y. Koenig.

p. 14-15 :
오시리스, 네페르타리 무덤 그림 일부: ©Y. Koenig.
데이르 엘 메디네 묘지 및 마을 재현: 장 클로드 골뱅 그림.

p. 16-17 :
도편에 그려진 창문 주문서, 테라코타, 제18대 왕조 말에서 제19대 왕조 초(기원전 1300년~1200년), 가로 14.6센티미터, 세로 16.4센티미터, 데이르 엘 메디네: ©RMN / R.G.Ojeda.
무투아테스 부인의 보호 부적, 파피루스, 검은 잉크, 상형 문자, 제3차 혼란기, 가로 8.2센티미터, 세로 46센티미터: ©D.Farout.
나무함, 채색, 높이 28센티미터, 가로 37센티미터, 폭 27.2센티미터: ©D.Farout.
무덤 앞에 있는 두 석관, 데이르 엘 메디네 무덤 벽화 일부: ©Y. Koenig.
부적을 달아주는 어머니와 아들: 엠마뉘엘 에티엔 그림.

p. 18-19 :
필경사 파이의 팔레트, 갈대 촉, 물감 덕지가 아직도 남아 있다. 제18대 왕조(기원전 1550년~1295년), 세로 33.3센티미터, 폭 5.5센티미터, 두께 1.4센티미터, 데이르 엘 메디네: ©RMN / R.G.Ojeda.
작업반장 인헤르크하, 데이르 엘 메디네의 한 무덤 벽화에서 발췌: ©Y. Koenig.
도편에 그려진 마실 것을 주고 있는 한 여자, 석회암에 채색, 람세스 왕조 시대(기원전 1295년~1069년), 폭 7.6센티미터, 높이 11.5센티미터, 두께 2.2센티미터: ©RMN / F.Raux.
필경사 학교: 엠마뉘엘 에티엔 그림.
아메네모페 지혜의 여신의 말 앞 구절이 적혀 있는 서판, 목판, 제3차 혼란기(기원전 1069년~664년), 가로 13.4센티미터, 세로 13센티미터: ©RMN / H. Lewandowski.
필경사 학생 모형, 나무에 채색, 중기 왕조(기원전 2033년~1710년), 높이 11.7센티미터, 폭 9.4센티미터: ©RMN / H. Lewandowski.

p. 20-21 :
카데크와 민, 레셰프 신이 새겨진 묘비, 석회석, 제19대 왕조, 세티 1세 혹은 람세스 2세 통치기(기원전 1294년~1213년), 가로 18.8센티미터, 세로 31.5센티미터, 두께 6.5센티미터, 데이르 엘 메디네: ©RMN / R.G.Ojeda.
왕들의 계곡을 행군하는 노동자들: 엠마뉘엘 에티엔 그림.
데이르 엘 메디네에서 왕들의 계곡으로 이어지는 길 사진: ©Y. Koenig.
도편에 그려진 개들과 하이에나, 석회석 위에 채색, 람세스 시대(기원전 1295년~1069년), 가로 15.5센티미터, 세로 8.8센티미터: ©RMN / F.Raux.
사막의 영양, 오운수의 무덤 벽화 일부, 제18대 왕조: ©D.Farout.

p. 22-23 :
람세스 4세의 석관, 나무 위에 채색, 제20대 왕조, 람세스 4세 통치기(기원전 1153년~1147년), 높이 32.5센티미터: ©RMN / H. Lewandowski.
갈대로 엮은 상자와 파피루스(기원전 1550년~1069년), 높이 25센티미터, 가로 28.5센티미터, 옆모서리 24.3센티미터: ©RMN / H. Lewandowski.
단검, 상아 상감과 청동(기원전 1550년~1069년), 가로 4.5센티미터, 세로 28.8센티미터: ©RMN / H. Lewandowski.
프타메스가 새겨진 필경사 팔레트, 편암, 제18대 왕조, 투트모세 3세(기원전 1479년~1425년), 가로 7.2센티미터, 세로 52.4센티미터, 두께 1.6센티미터: ©RMN / R.G.Ojeda.
손도끼 날, 청동 금속(기원전 1550년~1069년), 가로 6.1센티미터, 세로19센티미터: ©RMN / H. Lewandowski.
손도끼 모형과 날, 나무와 청동, 가죽, 제18대 왕조(기원전 1479년~1457년), 세로 23.8센티미터, 폭 3.5센티미터, 데이르 엘 바하리: ©RMN / H. Lewandowski.

p. 24-25 :
바구니, 종려나무 가지로 엮은 바구니(기원전 1550년~1069년), 높이 17.5센티미터, 폭 38센티미터, 데이르 엘 메디네: ©D.Farout.
필경사 모형, 나무, 카이로박물관: ©D.Farout.
바구니와 그 뚜껑, 알파와 종려나무 가지(기원전 1550년~1069년), 높이 20.5센티미터, 폭 21센티미터, 데이르 엘 메디네: ©RMN / F.Raux.
무덤 파기: 장 클로드 골뱅 그림.

p. 26-27 :
제물 탁자 앞에 앉아 있는 한 여자와 남자, 데이르 엘 메디네 무덤 벽화 일부: ©Y. Koenig.
메이의 아치형 묘비, 섬록암, 제19대 왕조, 람세스 2세 통치기(기원전 1279년~1213년), 높이 42센티미터, 가로 33.5센티미터, 두께 9센티미터: ©RMN / H. Lewandowski.
날개 달린 뱀, 네페르타리 무덤 벽화, 왕비 계곡: ©Y. Koenig.
장식 무늬: 엠마뉴엘 에티엔 그림.
아누비스와 심장 저울, 네페로우베네프 사자들의 서 일부, 파피루스: ©D.Farout.

p. 28-29 :
나무에 채색된 맥주 상자 모형, 중기 왕조(기원전 2033년~1710년), 높이 4.8센티미터, 가로 5.6센티미터, 폭 5.4센티미터: ©E.Lessing.
맥주 항아리 축소 모형, 나무 위에 채색, 중기 왕조(기원전 2033년~1710년), 높이 11.5센티미터, 가로 2.7센티미터: ©E.Lessing.
디디와 그의 아들 펜두아의 묘비 조각상, 석회암에 채색, 제19대 왕조, 세티 1세와 람세스 2세 통치기(기원전 1294년~1213년), 높이 31센티미터, 가로 19센티미터, 데이르 엘 메디네: ©RMN / H. Lewandowski.
오두막 막사에서 휴식하고 있는 노동자들: 엠마뉴엘 에티엔 그림.
왕들의 계곡 근처에 있는 막사 유적지 사진, 데이르 엘 메디네: ©Y. Koenig.

p. 30-31 :
모눈에 그려진 한 조각상 초벌 스케치, 석회암, 후기 시대(기원전 664년~332년), 가로 15.2센티미터, 세로 20.5센티미터, 두께 1.7센티미터: ©RMN.
세티 1세 왕들의 무덤 벽화, 왕들의 계곡: ©Y. Koenig.
제물을 들고 가는 사람들, 데이르 엘 메디네의 한 무덤 벽화: ©Y. Koenig.
작업 중인 도안가들: 엠마뉴엘 에티엔 그림.

p. 32~33 :
식물 무늬 장식함, 나무 위에 채색(기원전 1550년~1069년), 높이 24.5센티미터, 가로 30.4센티미터, 폭 20.7센티미터: ©RMN / H. Lewandowski.
토트 신의 보호 아래 글을 읽고 있는 필경사 네브메루테프의 조각상, 편암, 제18왕조, 아메노피스 3세 통치기(기원전 1391년~1353년), 높이 19.5센티미터, 가로 20.5센티미터, 측면 길이 8.5센티미터: ©RMN / H. Lewandowski.
네브케드 파피루스 일부, 태양을 나오게 하기 위한 책, 무덤 앞 입의 입구에 실린 장면 및 장례식 장면, 제18대 왕조, 아메노피스 3세 통치기(기원전 1391년~1353년), 세로 31센티미터: ©RMN / Chuzeville.
장식 문양: 엠마뉴엘 에티엔 그림.
오시리스에게 기도드리는 한 장인, 데이르 엘 메디네 무덤 벽화 일부분: ©Y. Koenig.

p. 34-35 :
세티 1세 왕과 여신 하토르(기원전 1300년 경), 석회암에 채색, 높이 226센티미터: ©E.Lessing.
데이르 엘 메디네 한 무덤 안 천장 일부: ©Y. Koenig.
벽화 그림들에서 몇몇 발췌, 네페르타리 무덤에 그려진 날개 달린 뱀과 아누비스 신(26~27쪽 참조) / 젊은 장인(46~47쪽 참조) / 종려나무(10~11쪽 참조) / 아누비스 (42~43쪽 참조)
갈대 촉이 들어 있는 데디아의 필경사 팔레트, 나무, 제19대 왕조, 세티 1세 통치기(기원전 1294년~1279년), 세로 41센티미터, 가로 5.2센티미터, 두께 1.2센티미터: ©RMN / H. Lewandowski.
여인들 행차 그림, 니에 무덤 벽화, 진흙 위에 채색, 람세스 왕조 시기(기원전 1295년~1069년), 가로 39센티미터, 세로 61센티미터: ©RMN / H. Lewandowski.

p. 36-37 :
평형추 모양 부적, 이집트 도기, 높이 3.6센티미터, 가로 1.1센티미터, 두께 0.3센티미터: ©RMN / H. Lewandowski.
심장 모양 부적, 홍옥수, 높이 1.46센티미터, 가로 1.54센티미터, 두께 1.25센티미터: ©RMN / H. Lewandowski.
황금 척추 제드, 이집트 도기, 높이 5센티미터, 가로 1.5센티미터, 두께 0.3센티미터: ©RMN / H. Lewandowski.
연꽃 모양 부적, 이집트 도기, 높이 3센티미터, 가로 1.5센티미터, 두께 0.6센티미터: ©RMN / H. Lewandowski.
이시스와 네프티스, 네페르타리 무덤에서 나온 벽화 일부, 왕들의 계곡: ©Y. Koenig.
숫양 머리를 한 독수리 장식, 금, 청금석, 홍옥수와 터키석, 제19대 왕조, 람세스 2세 통치기(기원전 1279년~1213년), 가로 13.7센티미터, 세로 7.1센티미터, 세라페움, 사카라: ©RMN / Chuzeville.
호르민 묘비, 석회암, 제19대 왕조, 세티 1세(기원전 1294년~1213년), 높이 123센티미터, 가로 93센티미터, 두께 18.5센티미터: ©RMN / H. Lewandowski.
람세스 4세 것으로 추정되는 오리 반지, 금, 제20대 왕조, 람세스 4세 통치기(기원전 1153년~1147년), 지름 2.03센티미터: ©RMN / H. Lewandowski.

p. 38-39 :
람세스 2세 것으로 추정되는 일종의 청룡도(검의 일종), 상아 상감이 된 청동, 제19왕조, 람세스 2세 통치기(기원전 1279년~1213년), 세로 57.5센티미터, 폭 4.8센티미터: ©RMN / H. Lewandowski.
야생 염소 장식이 달린 빗, 나무, 제18대 왕조(기원전 1550년~1295년), 가로 6.6센티미터, 폭 5.6센티미터: ©RMN / Chuzeville.
아메노피스 3세 것으로 추정되는 항아리, 노란색 이집트 도기, 제18대 왕조(기원전 1391년~1353년), 높이 8.4센티미터, 지름 6.6센티미터: ©RMN / H. Lewandowski.
활처럼 휜 리라, 나무(기원전 1550년~1069년), 가로 101.5센티미터: ©RMN / Chuzeville.
이멘메스 것으로 추정되는 놀이 상자, 나무, 제18대 왕조 말, 제19대 왕조 초(기원전 1300년), 가로 36센티미터, 폭 12센티미터, 높이 7센티미터: ©RMN / Chuzeville.
작은 하마 모양의 58개의 구멍이 뚫린 놀이 도구, 유리가 상감된 도기, 후기 왕조(기원전 664년~332년), 가로 21.5센티미터, 폭 18센티미터, 높이 7.4센티미터: ©RMN / Chuzeville.
58개의 구멍이 뚫린 네모난 놀이 상자, 나무, 가로 16.7센티미터: ©RMN / Chuzeville.
아메노피스 3세 것으로 알려진 팔찌, 도자기, 제18대 왕조, 아메노피스 3세 통치기(기원전 1391년~1353년), 지름 8.7센티미터, 두께 1.5센티미터: ©RMN.
목침, 나무와 상아(기원전 1550년~1069년), 높이 15.5센티미터, 가로 25.2센티미터, 폭 7.3센티미터, 나무와 상아: ©RMN / Chuzeville.
람세스 2세 것으로 추정되는 화병, 방해석, 제19대 왕조, 람세스 2세 통치기(기원전 1279년~1213년), 높이 26.5센티미터, 폭 27.1센티미터: ©RMN / H. Lewandowski.
투탕카멘의 무덤 내부: 장 클로드 골뱅 그림.

p. 40-41 :
석관을 준비하는 장인들, 이푸위 무덤에 장식된 벽화, 데이르 엘 메디네: ©Y. Koenig.
쇠 송곳, 나무와 청동 금속, 제18대 왕조, 투트모세 3세 통치기(기원전 1479년~1425년), 가로 13.5센티미터, 지름 0.4센티미터, 데이르 엘 메디네: ©RMN / F.Raux.
나무 망치(기원전 1550년~1069년경), 높이 31.7센티미터, 지름 13.5센티미터; 높이 11.2센티미터, 지름 3.4센티미터; 높이 27.5센티미터, 지름 14.3센티미터, 데이르 엘 메디네: ©RMN / F.Raux.
마드야 부인의 석관, 나무 색채, 제18대 왕조, 투트모세 3세 통치기(기원전 1479년~1425년), 가로 184센티미터, 폭 27센티미터, 높이 62센티미터, 데이르 엘 메디네: ©RMN / Chuzeville.
석관 머리, 카이로박물관: ©Y. Koenig.
람세스 3세(기원전 1184년~1153년) 석관통, 화강암, 제20대 왕조, 왕들의 계곡, 높이 180센티미터, 가로 300센티미터: ©E.Lessing.

p. 42-43 :
아마시스 것으로 추정되는 심장 형태의 목걸이 부적, 금과 구리 합금: ©RMN / H. Lewandowski.
시스트럼 부적, 이집트 도자기, 후기 왕조, 세로 5.44센티미터: ©RMN / H. Lewandowski.
이집트 도자기로 된 우드자트 눈 부적, 후기 왕조, 가로 6.2센티미터, 높이 5.4센티미터, 두께 1.1센티미터: ©RMN / H. Lewandowski.
한 사제 그림, 네페르타리 무덤, 왕비들의 계곡: ©Y. Koenig.
석관 뒤로 몸을 숙이고 있는 아누비스, 데이르 엘 메디네의 한 무덤 벽화: ©Y. Koenig.
투유의 장례 항아리, 백대리석, 카이로박물관: ©D.Faroul.

p. 44-45 :
장례 장면, 부조, 석회석, 제18대 왕조, 가로 36센티미터, 세로 75센티미터, 사카라: ©RMN / Chuzeville.
기도하는 한 사제, 청동, 제21대 왕조(기원전 1069년~945년): ©E.Lessing.
람세스 4세의 매장 때 왕들의 무덤 앞에 서 있는 장례 행렬단: 장 클로드 골뱅 그림.

p. 46-47 :
호루스, 데이르 엘 메디네 무덤 벽화 일부: ©Y. Koenig.
데이르 엘 메디네 전경: ©Y. Koenig.
한 젊은이, 데이르 엘 메디네의 어느 무덤 벽화 발췌: ©Y. Koenig.
우드자트 눈, 아메넴하트 제단실 벽화 일부, 데이르 엘 메디네: ©Y. Koenig.